ビジネスパーソンのための

ChatGPT
活用大全

毎日の仕事が一気に変わる！

監修
Cynthialy 株式会社
國本知里

The Complete Guide to
Using ChatGPT for
Business Persons

Gakken

は じ め に

「ビジネスパーソンのための ChatGPT 活用大全」へようこそ。

　5日で100万ユーザー、2カ月で1億ユーザーを超え、誰もが知ることになった ChatGPT は、人と会話をするように話しかけることで AI が文章を生成してくれる魔法のツールです。ChatGPT を使いこなせると、さまざまな文章生成に限らず、データ分析・コード作成・画像生成など、私も今までスキルを身につけることが難しかった仕事を簡単にこなすことができるようになりました。起業1年目の私は、ChatGPT を使いこなすことによって、多数の社員を採用しなくても、さまざまな作業を AI に託し、自分はよりクリエイティブな仕事に時間を費やすことができるようになりました。まさに ChatGPT が起業のパートナーだったのです。その経験をもとに、今では ChatGPT・生成 AI の活用育成を行う事業を展開しています。

　この ChatGPT の真価を発揮するためには、その「使いこなし方」を知ることが重要です。ただ指示を出せば良いというものではありません。チームメンバーと同じように、AI ともコミュニケーションを取り、どのようにタスクを託すのかが大切です。アメリカでは ChatGPT のプロンプトを操るプロンプトエンジニア職に5000万円の年収が提示された企業もあります。いま、最も日本で ChatGPT の活用・推進を妨げているのは「どのように使ったら良いのか分からない」というユースケースを知らないことです。

　本書では、ChatGPT のビジネスの現場での具体的な活用例をわかりやすく、多数解説しています。読み終わった時には「こんなことにも AI が使えるんだ！」と AI の魅力に気づき、ChatGPT マスターになっていることでしょう。
　さぁ、ChatGPT で毎日の仕事を一気に変えていきましょう。

Cynthialy 株式会社

監修　國本知里

本書の使い方

❶ シーン

活用術を使える場面を記載しています。

❷ ハッシュタグ

「こんなとき」「こんなこと」に便利だということを記載しています。

❸ ポイント

ChatGPTへの指示文（プロンプト）のポイントを記載しています。番号は、❹のプロンプトとリンクしています。

❹ プロンプト

プロンプトの記入例です。これを参考に、自由にプロンプトを作成してみてください。

❺ 回答

プロンプトに対するChatGPTの回答例です。

❻ 解説

プロンプトや回答のポイント解説を記載しています。

Scene // 文書作成　　　#アイデア出し　#思考のヒント

活用術
02　より良い表現がないか知りたい

P
POINT

① 文章の用途を明示する。
② 改良したい表現を指定する。
③ 表現方法の差し換えを指示する。

USER
会議のレジュメで使用する際、「検討する」という言葉より適した表現方法を教えてほしい。

ChatGPT
1. 「検討する」の代わりに「考慮する」を使用することができます。
「考慮する」は、意思決定や議論の際に要素や観点を考えることを示す表現です。
2. 「検討する」の代わりに「評価する」を使用することもできます。
「評価する」は、特定の案や提案を分析し、利点や欠点に分けて考える行為を指します。
3. 「検討する」の代わりに「検証する」「調査する」など、具体的な活動やプロセスを示す言葉を使用することができます。

レ　ジュメや企画書を書いている際、もっと場面に適した表現方法にしたいと悩むことがあるでしょう。「場面に適したより良い表現方法を教えて」と指示すると、いくつか代替案となる類語や類似表現を出力してくれます。

使用する場面が決まっている際には、それを具体的に伝えることで、TPOに合ったその場に適した表現を提示してくれます。

ChatGPT for Business Parsons

32

本書は主にビジネスパーソンが使えそうなChatGPTの活用術を、作業の場面ごとに掲載しています。はじめてChatGPTを使う人でもすぐに取り入れられるよう、難しいテクニックは使わず、できるだけシンプルな指示でできる方法を紹介しています。

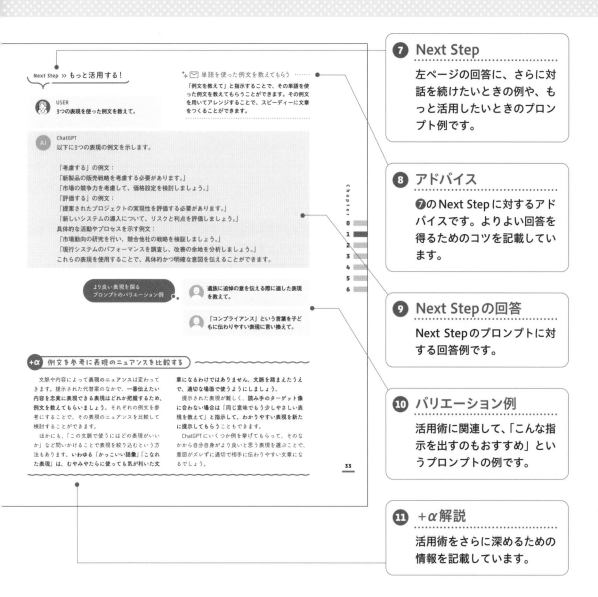

❼ Next Step

左ページの回答に、さらに対話を続けたいときの例や、もっと活用したいときのプロンプト例です。

❽ アドバイス

❼のNext Stepに対するアドバイスです。よりよい回答を得るためのコツを記載しています。

❾ Next Stepの回答

Next Stepのプロンプトに対する回答例です。

❿ バリエーション例

活用術に関連して、「こんな指示を出すのもおすすめ」というプロンプトの例です。

⓫ +α解説

活用術をさらに深めるための情報を記載しています。

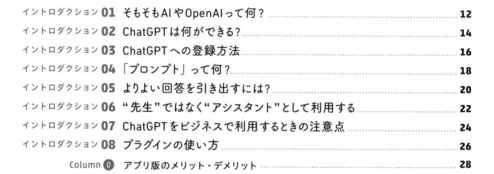

Chapter

0

ChatGPT のキホン

Chapter

1

ビジネススキルを高める
ための活用術

Chapter
2
対 話 や 表 現 の 精 度 を 上 げ る
ための活用術

Chapter

3

アイデアを生み出す
ための活用術

Chapter

0

ChatGPT のキホン

そもそもAIや
OpenAIって何？

1 AIとは人間の知能を再現する技術

AIは「Artificial Intelligence」の略で、日本語では「人工知能」と呼ばれています。**プログラムを用いて人工的に人間の思考プロセスや情報処理を再現する技術**のことで、1950年代から研究開発が行われてきました。具体的には、AIに対して指示を出すと、学習したデータをもとに問題解決の提案や意思決定を行うというものです。今では医療や製造、教育、金融、エンタメ業界など多くの分野でAI技術が活用されています。その結果、作業の効率化や人手不足の解消、コスト削減、ヒューマンエラーの防止など、さまざまなことに寄与しています。

例えば、医療業界ではAIによってレントゲンやMRI画像を分析。疾患の発見や診断に役立てられています。言語処理能力にも優れていることから、カルテの解析を行うなど、幅広く活用されています。

また、ビジネスシーンのみならず、エンタメ業界などのクリエイティブな領域でも活躍の幅を広げています。

ゲーム分野では、2016年にGoogleの「AlphaGo」が囲碁のトップ棋士に勝利。また、2019年にはMicrosoftの麻雀AI「Microsoft Suphx」が麻雀オンライン対戦サイト「天鳳」で、AIとしてはじめて十段に到達するといったニュースも話題になりました。

音楽分野では、音楽のジャンルやキーなどを指定すると、自動的に作曲を行う技術が登場。誰でも音楽を作れる時代になりました。

2 AIが活用されている業界

AIが使われている業界の例

医療	製造	小売	物流
建築	教育	金融	農業
飲食	広告	不動産	エンタメ

……など

AIを使うと……

- 作業の効率化
- 人手不足の解消
- コスト削減
- ミスの予防
- 確度の高い分析や予測ができる

など

多くのメリットがある！

3　AI開発機関の「OpenAI」

　「OpenAI」はアメリカのサンフランシスコに拠点を置く、AIに特化した非営利研究機関、およびAI開発企業のことです。

　2015年に起業家のイーロン・マスクやサム・アルトマンによって非営利団体として創設されました。2019年に方向性の違いからマスクはOpenAIを離れ、アルトマンが代表となり、「上限付き利益」の会社「OpenAI LP」を設立することで営利団体への転向を表明。「汎用人工知能が人類全体に利益をもたらすことを確実にさせること」を目標とし、日々研究や開発を行っています。

4　自然なやりとりができる「ChatGPT」

　そんなOpenAIが2022年にリリースしたのがAIチャットサービスの「ChatGPT」です。GPT は「Generative Pre-trained Transformer」の略で、Generativeは「生成する」、Pre-trainedは「事前学習済みの」、Transformerは「変化させるもの」を意味する深層学習モデルを指します。その**最大の強みは、人間のような自然な言語で会話形式によってやりとりができること**。テキストを読み込んで要約したり、物語を創作したり、多言語に翻訳できたりと、言語処理能力がとても高いAIツールなのです。

　2022年11月に「**GPT-3.5**」を活用したChatGPTをリリースするとすぐさま大きな注目を集め、わずか2カ月間でユーザー数は1億人を突破しました。その後、2023年3月には上位モデルである「**GPT-4**」をリリースするなど、ChatGPTは進化を続けています。

　また、その過程でOpenAIはChatGPTの「**API**」を公開しています。APIとはシステム同士を連携させる仕組みのことで、外部の企業がこれを利用することにより、ChatGPTの機能を備えたアプリを開発しやすくなります。つまり、**自然な言語による高度な対話機能を備えたアプリがより身近なものになっていくことが期待できる**のです。実際に、スマホアプリのLINEで気軽にChatGPTを利用できる「AIチャットくん」というサービスが誕生し、リリースから1カ月で利用者数が100万人を突破しました。

OpenAIが開発したAIチャットサービス「ChatGPT」のサイトトップページ（https://openai.com/blog/chatgpt）。会話のようにテキストのやりとりを行うことで、指示に従い、結果を出力してくれる。

02

ChatGPT は何ができる？

1 ChatGPTは何がすごいのか？

ChatGPTは高度な自然言語処理が特徴のチャットツールです。自動的に会話を行うチャットボットはChatGPTが登場する以前から活用されており、企業のカスタマーサポートにも導入されています。しかし、従来のチャットボットはあらかじめ設定されたルールに沿って、決まった回答を提示するだけでした。一方、ChatGPTは**ユーザーからのさまざまな指示や質問に対し、その文脈を読み取って柔軟な回答を返すことができます。**

それを可能にしたのが大規模言語モデルと呼ばれる仕組みです。大規模言語モデルは、インターネット上の膨大な量のテキストデータを学習し、ある単語やフレーズの入力に対し

て、そのあとにどのような言葉が来るかを確率的に予測できるようにしたものです。単純な例を挙げれば、「むかしむかし」のあとには「あるところに」という言葉が来る確率が高いといった具合です。ChatGPTは人間のように言葉を理解しているわけではありませんが、こうした確率処理によって、まるで人間のような対話を行うことができるのです。

また、**ChatGPTは改良が重ねられており、短期間に性能が大きく向上している**ことも見逃せません。最新モデルのGPT-4にアメリカの司法試験の模試を受けさせたところ、上位10％に入るほどの成績で合格レベルに達していたということも話題になりました。

2 ChatGPTのすごいところ

すごいところ

- 膨大なデータのインプットがなされている
- 指示に対して柔軟に判断し、対応できる
- 自然な言語でのやりとりができる（学習データの言語である英語の精度が高い）
- さまざまな言語に対応している
- 新しくデータを読み込ませ、それをもとに新たな情報を生成する　など

ChatGPTは自然言語処理ができるツールですが、ユーザー側の使い方によってさまざまなことができます。質問への回答、アイデアの提案、記事や物語の作成、文章の要約や翻訳、プログラムのコード生成など、言語を介したやり取りはお手の物。もちろん、単純におしゃべりを楽しんだり、悩み相談をしたりすることもできます。

ChatGPTと対話をする際に便利な使い方のひとつは、そのスレッド内のやりとりを踏まえて対話を継続していくことです。例えば、「AIとは何かを説明してください」といった要求に対してChatGPTは即座に答えを返してくれますが、その答えが期待したものと違っていたり、難しくて理解できなかったりすることがあります。その場合、「もっとやさしく教えて」「後半部分を詳しく」といったリテイクの指示をすることが可能です。このように対話を重ねることで、出力内容をユーザー

の理想に近づけていくことができるのです。

また、有料版の「**ChatGPT Plus**」ではできることの幅がさらに広がります。上位モデルであるGPT-4が選択可能になり、それによってChatGPTの回答の精度が向上します。さらには**プラグイン**というサービスを活用することで、ChatGPTの機能を拡張することができます（使い方はP.26〜27参照）。

ただし、ChatGPTはAPIを公開しているため、ほかのツールでもChatGPTの機能を使うことができます。例えばMicrosoftの「**Bing AIチャット**」は、GPT-4をベースにつくられたツールで、1日合計300回までのやりとりが無料でできるのです。加えて、ChatGPT（GPT-3.5）は2021年9月までの情報しか搭載されていませんが、Bingはもともと検索エンジンです。そのため、ウェブで検索をかけて情報提供してもらうことも可能で、最新情報を手に入れることができます。

USER
AIとは何かを簡潔に説明してください。

ChatGPT
AI（人工知能）とは、コンピュータやソフトウェアが人間の知的活動を模倣する技術や研究領域を指します。これには学習、推論、認識、言語の理解などが含まれます。

USER
もっとやさしく教えて。

ChatGPT
もちろんです。AI（人工知能）とは、コンピュータが人のように考えたり学ぶ技術のことです。人ができる仕事や考えることを、コンピュータにさせるための道具のようなものです。

ChatGPTへの登録方法

1 OpenAIのアカウントを作成する

　ChatGPTを利用するには、はじめにOpenAIのアカウントを作成する必要があります。アカウントの作成の際には、有効なメールアドレスとSMSを受け取れる電話番号を使うことで登録することが可能になります。

　そのほか、Google、Microsoft、Appleい

ずれかのアカウントと連携しての登録もできます。すでに3社どれかのアカウントを持っている場合、後者の登録方法が簡単です。また、スマートフォンのアプリを利用しての登録も同様の手順で行えます。

1 設定を開く

ChatGPTのサイトトップページ (https://openai.com/blog/chatgpt) にアクセスし、「Try ChatGPT」をクリック。すると、「Log in」と「Sign up」の2つが出てくるため、新規登録をする場合は「Sign up」を選ぶ。

2 メールアドレスの入力とパスワードの設定を行う

アカウント作成ページに進むと、まずメールアドレスの入力が求められる。入力して「Continue」をクリックすると、パスワードの設定画面に。8文字以上の任意のパスワードを設定する。Google、Microsoft、Appleいずれかのアカウントと連携する場合は、メールアドレスの入力画面で選択する。

3 メールアドレスの認証を行う

パスワードの設定が終わると、入力した
メールアドレス宛にメールが届く。「Verify
email address」をクリックする。

4 名前と電話番号を登録する

「Tell us about you」という画面が表示された
ら、自分の名前を入力して登録。「Continue」
をクリックしたら、電話番号を登録しよう。

5 電話番号による認証を行う

入力した電話番号宛にSMSが届く。記載さ
れている6桁のコードを「Enter code」に入
力。これでアカウントの登録は完了。

6 利用開始

アカウントを作成したら早速ChatGPTを利
用してみよう。「Send a message」にテキス
トを入力して、チャットボックス右側の矢印
をクリックすると、ChatGPTに指示を送れ
る。送って間もなく、ChatGPTからの回答が
出力される。

「プロンプト」って何？

1 プロンプトがよい結果を出すカギ

ChatGPTについて調べていると、「**プロンプト**」という言葉をよく目にすると思います。プロンプトは「（動作を）促す」という意味です。**IT分野においては、システムの操作時に入力や処理を促す文字列などを指します。**

ChatGPTでは、テキストを自由に入力できる「Send a message」の欄がプロンプト、つまりChatGPTに指示を入力する箇所です。任意の言語で自由にを入力できるので、会話をするようにChatGPTに指示を出すことができます。

ただし、自分の求める出力や精度の高い結果を得るためには、うまく指示を出す必要があります。今回はプロンプトを作成するコツをいくつかまとめてみました。

❶指示を明確にする

抽象的な文章や指示では、期待通りの出力を得ることは難しいので、**指示を明確にしま**しょう。

❷ChatGPTの立場を指定する

プロンプトで「あなたは○○です」というように、ChatGPTの立場や役割を指定すると、**精度が上がりやすくなります。**

❸条件を細かく指定する

「アイデアを箇条書きで10個上げて」「○文字以内でまとめて」など、**条件を指定して出力の範囲を狭めるやり方も効果的です。**

❹追加のプロンプトで調節する

同じチャット内であれば、会話内容を覚えて結果に反映してくれます。出力されたものに返答したり、指摘したりして追加の条件や修正点を加えてみましょう。

USER
あなたはプロのWEBライターです。日本の公的年金制度について、1000字程度で説明する文章を作成してください。国民年金と厚生年金の違いについても言及してください。

プロンプトの例。条件を細かく設定すると理想に近い結果が出力されやすい。

2 英語で質問すると回答の精度が上がる

ChatGPTの回答は、質問した言語によって精度が変わります。プロンプトで言語の指定がなければ、プロンプトと同じ言語で回答を出力してくれますが、英語でのやりとりが最も精度が高いといわれているのです。

その理由は、ChatGPTの学習ソースの多くが英語であるため、英語で質問したほうが出力の精度が上がる確率が高くなるからです。日本語で満足いく結果や回答が得られない場合は、英語で質問してみましょう。

3 悪いプロンプトの例

ChatGPTがうまく結果を出せないプロンプトはあまりよいプロンプトとはいえません。人との会話においても抽象的な質問に答えるのが難しいように、抽象的な指示はAIにとっても難しいのです。

例えば「よい会社とは何ですか?」という質問は、とても単純で抽象的な質問です。「よい」にはさまざまな視点やニュアンスが含まれているため、範囲が広すぎて明確に答えられません。この場合は「よい会社について、財務状況の観点から教えてほしい」と指示すると、よい経営をしているといえる会社の条件などを提示してくれるでしょう。

ほかにも、**ChatGPT（GPT-3.5）は2021年9月以降の情報を学習していないため**（2023年9月現在）、「最新のニュースについて教えてください」と指示しても、出力できません。時事や天気など「現在」の情報を聞いてもむだになってしまいます。ただし、**データがあれば、データを読み込ませることで分析は可能**です。ユーザーがChatGPTに学習させることで、そこから読み取れる情報を教えてくれます。

ChatGPTの特性を理解して、具体的な質問や作業の指示を出すようにしましょう。

 ChatGPT

申し訳ありませんが、私のデータは2021年9月までの情報しか含んでおらず、
現在の天気情報を提供することはできません。
天気情報は日々変化するため、正確な情報を得るためには、
天気予報サイトやアプリを利用することをお勧めします。
また、ご質問の地域や場所によって異なるため、具体的な場所を指定いただければ、
その地域の天気情報を調べる手助けをすることは可能です。
どうぞお手伝いできることがあれば教えてください。

最新の天気について聞いたときのChatGPTの回答。情報は得られないが、
情報収集の仕方についてのアドバイスはもらえる。

よりよい回答を引き出すには？

1 ChatGPTは会話を記憶する

ChatGPTはひとつのチャット上の会話を記憶し、情報を蓄積します。そのため、出力結果に対して指摘や修正の指示を出すと、ひとつ前の出力結果に追加で指示した内容を反映させて新たな結果を作成することが可能です。

この特徴を利用して、**いくつかの質問や指示を重ねることで、自分の求めている結果に少しずつ近づけていくことができます**。最初の出力で期待通りの回答が得られなくとも、何度か**リテイク（修正）**を繰り返せば精度が上がっていきます。

さらに、ChatGPTを**ブレスト（アイデア出し）**の相手にして会話を重ねる、と何かヒントを得られるかもしれません。「こういうアイデアがあるが、足りない点は？」などと聞くことで、**別の視点からのアイデアをくれること**も。アイデアのフィードバックをもらったり、言語化できない微妙なニュアンスを伝えて言語化してもらったりすると、課題解決への新たな切り口やアイデアを深める手助けになるでしょう。

しかし、会話を続けすぎると以前の会話を忘れてしまうことがあり、それにより、指定した条件や設定がなくなってしまうこともあります。「ChatGPTが指定した条件を外している」と感じたら、以前入力した条件や参照したい出力結果をプロンプトに含めて、もう一度指示し直すとよいでしょう。

「+ New chat」を押すと新規のチャットを開ける

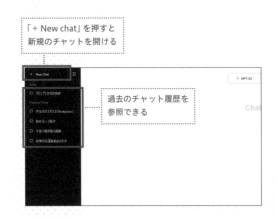

過去のチャット履歴を参照できる

ChatGPTのチャット画面。パソコンだと画面の左側にチャットの履歴が残る。過去のチャットを選択して会話を続けることも可能。

2 段階を分けてタスクを与える

ChatGPTにタスクを与える場合は、**段階ごとに分けるとよいでしょう。**

例えば「次の文章を要約し、翻訳して」と指示を出す場合、要約と翻訳のタスクを同時に与えると精度が下がってしまいます。要約

→翻訳というように、**段階を踏みながらタスクを与えることで、出力の結果がよいものになる可能性が高くなるのです。**タスクを与える際のプロンプトは、できるだけ簡潔にすることを意識して作成しましょう。

3 ChatGPT Plus は利用するべき?

有料版であるChatGPT Plusを利用すると、GPT-4やプラグインなどの利用が可能となり、機能が拡充したり、回答の精度が上がったりと、利便性が向上します。さらに、有料版では主に下記の機能を使うことができます。

・画像認識が可能。プロンプトの入力欄から画像添付や画像貼り付けをして読み込ませることができる。画像内のテキストを読み取らせることもできる。

・ブラウジング機能の「**Browse with Bing**」

が使えるようになり、ChatGPTがウェブ検索をしながら情報を提供してくれる。

・高度なデータ分析機能である「**Advanced Data Analysis**」が使えるようになり、WordやExcelなどのファイルをアップロードして読み込ませることができる。Pythonのコードの実行やグラフの描画なども可能。

・「**DALL・E（ダリ）3**」が使えるようになり、ChatGPT内で画像生成ができる。

4 有料版の追加機能

❶チャット画面左下、メールアドレス（アカウント名）の隣の「…」をクリックする。
❷「Settings & Beta」をクリックし、設定を開く。

❸設定画面の左側から「Beta features」を選択し、クリックする。
❹「Advanced data analysis」など使いたい機能をオンにする。あとはプラグイン（P.26）と同様にチャット画面で選択する。

06

"先生"ではなく "アシスタント"として利用する

1 ChatGPTを最大限に活かす使い方

ChatGPTを使っていると、その有能さと便利さからさまざまなことを尋ねてみたくなるものです。「○○について教えて」といった知識を問うような指示についても、難なくこなしてくれる場合が多いでしょう。しかし、**何でも知っている・答えてくれる"先生"として頼るのは、あまりよくない使い方です**。

例えば、「○○をテーマに、キャッチコピーを15個考えて」「ポスターのビジュアル案を出して」などと指示するとアイデアを生成してくれますが、クオリティが十分でないことからそのまま活用することはできない場合が多いです。ChatGPTが生成したアイデアはAIが考えたもの。出力結果は参考程度とし、**自分だけのオリジナリティを加えたアイデアを考えることが求められます**。

このように、ChatGPTはあくまでも作業効率を上げるためのツールといえます。ただし、1人では思いつかないようなアイデアや雑多な業務を代わりに任せられるところがポイントです。この点をうまく利用し、**ChatGPTを"アシスタント"として活用すると、業務の幅や効率、品質が向上していくでしょう**。

また、人間のアシスタントと違う点は、何度もやり直しをさせることができる点です。ChatGPTに指示を出せば、いつでもすぐにアイデアを生成してくれたり、出力に修正を重ねて返してくれます。自分の納得がいくまで、プロンプトを追加して修正ができるのです。対人であれば何度もやり直すことに気が引けてしまいますが、それができるのはAIならでは。ChatGPTの特性を理解して、うまくつき合っていきましょう。

よい使い方

- 多くのアイデアを出してもらい、自分の検討・判断の材料にする
- データの分析・整理をしてもらう
- アイデアのブラッシュアップをする
- 納得のいくまで出力をやり直す

よくない使い方

- 生成された結果にアレンジを加えず、そのまま利用する
- ファクトチェックをせず、生成された情報を鵜呑みにする
- 最初に出力された結果だけを参考にする

AIツールを使ううえで、気をつけなければいけないのは「ハルシネーション」が起こることです。ハルシネーションは幻覚や幻影といった意味の言葉ですが、AIにとってのそれらは「事実とは異なる架空の内容を生成すること」を意味します。つまり、AIがデタラメを述べることがあるのです。

これは学習データに誤りがある場合や、そもそも学習データが存在しない場合、回答を生成する過程で関連性のない情報が組み合わさる場合など、いくつかの原因によって起こります。今のところハルシネーションを避けることは不可能です。そのため、ChatGPTの出力結果は必ず人が介入してファクトチェック（事実検証）を行う必要があります。

こうしたことから、確実なデータが欲しいときの調べものにChatGPTを利用するのはあまりおすすめできません。

ただし、P.21で紹介したブラウジング機能を利用すれば、インターネットで最新の情報を調べて出力してくれますし、回答のもととなったページのリンクも生成してくれます。しかし、そもそもインターネットの情報がすべて正しいとは限りません。やはり、AIツールを用いて情報を得る際には十分にファクトチェックを行い、正しい情報かどうかを精査しつつ活用しましょう。

USER
デザインを学べる日本の本を教えてほしい。

ChatGPT

デザインについて学ぶために、以下のいくつかの日本の本が参考になるかもしれません。

1. 『デザインの基本 デザイン思考のトレーニング』本田直行
   デザイン思考についての基本的な理念やアプローチを学びたい方におすすめの本です。

2. 『デザインの原則』ウィリアム・リッチ
   デザインに関する基本的な原則やデザインの要素について学ぶのに役立つ一冊です。
   原則に基づいたデザインの考え方を理解できます。

3. 『グラフィックデザインの基本』ロビン・ウィリアムズ
   グラフィックデザインに焦点を当てた本で、
   デザインの基本から具体的なテクニックまで幅広く紹介しています。

ChatGPTのハルシネーションの例。デザインを学べそうな本のタイトルが出力されたが、いずれも存在しない。

ChatGPT をビジネスで
利用するときの注意点

1 個人情報や機密情報の取り扱いは慎重に

基本的にChatGPTはユーザーが入力したデータを蓄積し、学習や改善に利用しています。そのため、プロンプトに個人情報や機密情報を入力してしまうと、ChatGPTのデータベースに情報が残ってしまうのです。学習に使用された場合、それらの情報が誤って流用されてしまう可能性もあります。

ただし、**会話の情報を残したくない場合は、設定から「Data controls」を選択し、「Chat history & training」をオフにすると、学習や改善のためのデータ利用を防ぐことができます。**ChatGPTのデータベースに情報が残らなくなりますが、会話の履歴は閲覧可能のため、設定しておいて損はないでしょう。

また、OpenAIの「What is ChatGPT?」のページでは、「特定のプロンプトを削除できますか?」という質問に、「いいえ、履歴から特定のプロンプトを削除することはできません。会話のなかで機密情報を共有しないでください。」と回答があります。そのため、プロンプトで機密情報を入力することはおすすめできません。

すでに機密情報を入力してしまった場合、アカウントを削除すると会話データも削除することができますが、削除したアカウントと同じメールアドレス・電話番号で新しくアカウントを作成することは永久に不可能になります。個人情報や機密情報を取り扱う際は慎重に行うようにしましょう。

1 設定を開く

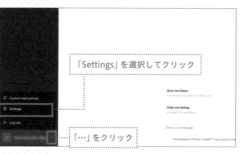

「Settings」を選択してクリック

「···」をクリック

チャット画面の左下、メールアドレス(アカウント名)の隣にある「···」をクリックすると、「Settings」を選択できる。

2 「Chat history & Training」をオフ

「Settings」をクリックすると、このような画面が表示される。左側の欄から「Data controls」を選択し、「Chat history & training」をオフにする。すると、会話の履歴がデータベースに残らない。

「Data controls」を選択してクリック

「Chat history & training」をオフ

---

2 類似しているアイデアがないか確認する

ChatGPTで出力された結果は商用利用が可能です。利用規約の第3章の部分には著作権についての記述があります。

As between the parties and to the extent permitted by applicable law, you own all Input. Subject to your compliance with these Terms, OpenAI hereby assigns to you all its right, title and interest in and to Output.

翻訳：両当事者の間で適用される法律で認められる範囲において、お客様がすべてのインプット（プロンプトに入力する内容）を所有しています。お客様が本規約を遵守することを条件として、OpenAIは、アウトプット（出力結果）に関するすべての権利、所有権、および利益をお客様に譲渡します。

つまり、「プロンプトに入力された内容の著作権を使用者が所有している限り、出力結果の権利や、それに発生した利益を使用者に譲渡する」といった内容です。ただし、他人の著作物を学習させて得た出力の権利は使用者になく、商用利用もできません。

また、ChatGPTの学習データには著作物が含まれているケースもありますし、出力が著作権を持つほかの文章やアイデアとたまたま類似してしまう可能性もあります。知らずに利用してしまった場合、著作権侵害としてトラブルに発展してしまうことも。著作権についてきちんと理解し、出力されたアイデアを使用する場合には類似している例がないか確認する作業が必要です。

左のような利用規約についても改定される可能性がありますし、ChatGPTが生成した文章やアイデアを活用する場合には注意が必要となります。

プラグインの使い方

1 プラグインを利用してみよう

ChatGPTの有料版であるChatGPT Plusに登録すると、**プラグインを利用すること**ができます。プラグインとは「拡張機能」のことで、さまざまなサービスと連携し、文字通りChatGPTの機能を拡張することができます。2023年9月現在で、900個以上ものプラグインが利用可能です。

例として、**ChatGPT単体では画像生成機能はありませんが、画像生成ができるプラグインを使うと、プロンプトで指示することで画像を作成することができます。**プラグインを利用するには次の通りに設定しましょう。なお、利用時に別途アカウントの登録が必要なものもあります。

❶チャット画面左下、メールアドレス（アカウント名）の隣の「…」をクリックする。
❷「Settings & Beta」をクリックし、設定を開く。

❸設定画面の左側から「Beta features」を選択し、クリックする。
❹「Plugins」をオンにする。

⑤チャット画面に戻り、「GPT-4」に切り替える。
⑥「Plugins Beta」にチェックを入れる。

⑦「No plugins enabled」をクリックする。
⑧「Plugin store」をクリックする。

⑨「Plugin store」が開く。ここで任意のプラグインを見つける。左上のメニューから検索可能。また、「人気」「新しい」「すべて」「インストール済み」といったカテゴリからも選択できる。
⑩好きなプラグインを見つけたら、「Install」をクリックする。

⑪インストールしたプラグインの一覧から使いたいプラグインにチェックを入れる。同時に3つまでのプラグインが利用可能。
⑫表示されているプラグインを利用できる。

アプリ版のメリット・デメリット

アプリ版のメリット

ChatGPTはブラウザだけではなく、スマホアプリでもリリースされており、スマホを持っていれば誰でも気軽に利用できます。2023年9月現在、iOS版とAndroid版の両方で提供されています。

アプリ版のメリットは、出先でパソコンを開くことが難しい場面や通勤中、休み時間などの空き時間にサッとスマホでChatGPTを利用できる点です。このほかにも、すでにブラウザでChatGPTを利用している場合、アプリでもアカウントを共有することができます。そのため、チャットの履歴が残り、作業を途中から再開することも可能です。

さらに、音声認識機能を使っての入力が可能になるのもスマホアプリならではです。別の作業をしながら、家事をしながら、片手間で気軽に利用できる点がスマホアプリのメリットともいえるでしょう。

アプリ版のデメリット

ただし、どこでも利用できる反面、その場所の通信環境によっては生成の遅延が発生する可能性があります。Wi-Fi環境が整っている場所などを見つけて利用するとよいでしょう。

また、アプリがスマートフォンの容量を圧迫するデメリットもあります。音楽やゲームアプリと比較すると容量は小さいですが、チャットを重ねたり、ストレージ容量が小さかったりする場合は気をつけましょう。

アカウントの登録方法

アプリからの登録も、ウェブ版とさほど変わりません。

アカウント作成ボタンを押し、メールアドレスを入力してからパスワードを作成します。その後、設定したメールアドレスに届いた認証メールのURLを開き、名前と誕生日を入力し、SMS認証を行えば完了です。

また、GoogleやMicrosoftなどのアカウントを利用しての登録も可能なので、好きな登録方法を選択してみてください。

アプリ版ChatGPTのチャット画面。「Message」欄にプロンプトを入力し、右の「↑」ボタンで指示を送る。Message欄の右端にある音声ボタンを押せば、音声入力が可能。

ビジネススキルを高める
ための活用術

活用術

文章を校正してほしい

POINT

① 校正する際の注意点を明示する。
② 校正してほしいと指示する。
③ もとの文章を入力する。

USER

以下の文章を、<u>文意を変えないように</u>①、<u>校正して</u>②ほしい。

> ③ 新たなサービス「PocketConnect」は、ユーザーは低コストで高速なインターネット接続を利用でき、世界中でシームレスな通信体験を実現。データのプライバシーとセキュリティも確保します。また、柔軟な料金プランと優れたカスタマーサポートも提供し、ユーザーのニーズに応えることができる。あらゆるユーザーにとって信頼できる携帯サービスの新基準になる。

ChatGPT

新たなサービス「PocketConnect」は、
ユーザーが低コストで高速なインターネット接続を利用でき、
世界中でシームレスな通信体験を実現します。
独自の技術により、通信速度の向上と安定性を実現し、
データのプライバシーとセキュリティも確保します。
また、柔軟な料金プランと優れたカスタマーサポートも提供し、
ユーザーのニーズに応えることができます。
PocketConnectは、あらゆるユーザーにとって信頼できる携帯サービスの新基準となります。

✦ ✉ 修正箇所を教えてもらう ·················

文章のどの部分を直したのか教えてもらい、修正箇所を把握しておきましょう。

USER

文章のどこを修正したか
具体的に教えて。

ChatGPT

修正後の文章：

新たなサービス「PocketConnect」は、ユーザーが低コストで高速なインターネット接続を利用でき、世界中でシームレスな通信体験を実現します。独自の技術により、通信速度の向上と安定性を実現し、データのプライバシーとセキュリティも確保します。また、柔軟な料金プランと優れたカスタマーサポートも提供し、ユーザーのニーズに応えることができます。PocketConnectは、あらゆるユーザーにとって信頼できる携帯サービスの新基準となります。

修正箇所は次の通りです：

「ユーザーは」を「ユーザーが」に修正しました。

「実現。」を「実現します。」に修正しました。

「も確保します。」を追加しました。

「になる」を「となります」に修正しました。

企 画案やマニュアル、顧客への案内など、業務において短い文章を作成する機会は多いものですが、その都度、校正を誰かに依頼するのは手間がかかります。そこで、ChatGPTに「校正してください」と指示を入れ、校正してほしい文章を入力してみましょう。**誤字脱字**や適切でない表現を訂正してくれます。

しかし、ChatGPTの校正は、意図をもって選んだ表現を別の表現に置き換えてしまうことがあります。プロンプトで「文意は変えないように」「誤字・脱字のみを訂正して」などと指示すると自分の求めている文章により近づきます。

+α 修正箇所を把握して今後の文章作成に活かす

修正箇所を具体的に把握したい場合、「修正箇所を具体的に教えて」と指示をすると、箇条書きで修正点を書き出してくれます。修正箇所を洗い出すと、校正前・校正後のどちらを採用するか検討する場合にたいへん便利です。

その際、「具体的に教えて」「箇条書きで教えて」などの指示を追加しないと、ただ修正前と修正後の文章を並べただけのものが出力されてしまうことがあるので、その点も漏らさずに指示しましょう。

ほかにも修正箇所を聞くだけでなく、追加のプロンプトで語調の修正をしたり、校正の際の条件を伝え直したりと工夫することで、さらにクオリティの高い文章を作成することができます。

また、校正の際に留意したいのは、当初の原稿が主語を誤認させるような文章である場合です。ChatGPTが主語がなければ文章として成立しないと判断して主語を入れた場合に、その主語が誤りだと文章の意味がまったく変わってきます。校正後の原稿は一通り読み直すか、修正箇所を確認するようにしたほうが良いでしょう。

活用術

02　より良い表現がないか知りたい

P
POINT

① 文章の用途を明示する。

② 改良したい表現を指定する。

③ 表現方法の差し換えを指示する。

 USER
会議のレジュメで使用する際、「検討する」という言葉より適した表現方法を教えてほしい。
（①会議のレジュメで使用する際　②検討する　③適した表現方法を教えて）

 ChatGPT

1. 「検討する」の代わりに「考慮する」を使用することができます。
　「考慮する」は、意思決定や議論の際に要素や観点を考えることを示す表現です。

2. 「検討する」の代わりに「評価する」を使用することもできます。
　「評価する」は、特定の案や提案を分析し、利点や欠点に分けて考える行為を指します。

3. 「検討する」の代わりに「検証する」「調査する」など、具体的な活動やプロセスを示す
　言葉を使用することができます。

　ジュメや企画書を書いている際、もっと場面に適した表現方法にしたいと悩むことがあるでしょう。「場面に適したより良い表現方法を教えて」と指示すると、いくつか代替案となる類語や類似表現を出力してくれます。

　使用する場面が決まっている際には、それを具体的に伝えることで、TPOに合ったその場に適した表現を提示してくれます。

Next Step ≫ もっと活用する！

USER
3つの表現を使った例文を教えて。

✧ ✉ 単語を使った例文を教えてもらう ……

「例文を教えて」と指示することで、その単語を使った例文を教えてもらうことができます。その例文を用いてアレンジすることで、スピーディーに文章をつくることができます。

AI ChatGPT
以下に3つの表現の例文を示します。

「考慮する」の例文：
「新製品の販売戦略を考慮する必要があります。」
「市場の競争力を考慮して、価格設定を検討しましょう。」
「評価する」の例文：
「提案されたプロジェクトの実現性を評価する必要があります。」
「新しいシステムの導入について、リスクと利点を評価しましょう。」
具体的な活動やプロセスを示す例文：
「市場動向の研究を行い、競合他社の戦略を検証しましょう。」
「現行システムのパフォーマンスを調査し、改善の余地を分析しましょう。」
これらの表現を使用することで、具体的かつ明確な意図を伝えることができます。

より良い表現を探る
プロンプトのバリエーション例

 遺族に追悼の意を伝える際に適した表現を教えて。

 「コンプライアンス」という言葉を子どもに伝わりやすい表現に言い換えて。

+α 例文を参考に表現のニュアンスを比較する

文脈や内容によって表現のニュアンスは変わってきます。提示された代替案のなかで、一番伝えたい内容を忠実に表現できる表現はどれか把握するため、例文を教えてもらいましょう。それぞれの例文を参考にすることで、その表現のニュアンスを比較して検討することができます。

ほかにも、「この文脈で使うにはどの表現がいいか」など問いかけることで表現を絞り込むという方法もあります。いわゆる「かっこいい語彙」「こなれた表現」は、むやみやたらに使っても気が利いた文章になるわけではありません。文脈を踏まえたうえで、適切な場面で使うようにしましょう。

提示された表現が難しく、読み手のターゲット像に合わない場合は「同じ意味でもう少しやさしい表現を教えて」と指示して、わかりやすい表現を新たに提示してもらうこともできます。

ChatGPTにいくつか例を挙げてもらって、そのなかから自分自身がより良いと思う表現を選ぶことで、意図がズレずに適切で相手に伝わりやすい文章になるでしょう。

Chapter

0
1
2
3
4
5
6

活用術

外国語を翻訳してほしい

POINT

① 翻訳先の言語を指定する。

② 翻訳を指示する。

③ もとの文章を入力する。

USER

以下の文章を日本語に翻訳してほしい。
　　　　　　　　　　①　　　　②

③ Provides customized AI-based weekly menu plans based on the user's tastes and preferences. It includes ordering and delivery of food items, making it easy to enjoy healthy, well-balanced meals. Advice from a nutritionist is also provided to help improve dietary habits. It also contributes to the reduction of food loss.

ChatGPT

日本語に翻訳すると以下になります：

ユーザーの好みや嗜好に基づいてカスタマイズされた
AIベースの週間メニュープランを提供します。
食材の注文と配達も含まれており、
健康でバランスの取れた食事を楽しむのが簡単です。
栄養士のアドバイスも提供され、食事習慣の改善をサポートします。
また、食品ロスの削減にも寄与します。

USER
翻訳されたものを、ビジネス向けの文章
に書き換えて。

AI ChatGPT
当社は、お客様の好みや要望に基づきカスタマイズされた
AIベースの週間メニュープランを提供します。
サービス内容には食品の注文と迅速な配達も含まれており、
健康的でバランスの取れた食事を
簡単に楽しむことができます。
さらに、栄養士のアドバイスに基づいた、
食事習慣の改善をサポートしています。
当社のサービスは食品ロスの削減にもつながり、
持続可能なビジネスの一環として高く評価されています。

✦ ✉ ビジネス向けの文章にする ··············
翻訳された文章の文体を修正することもできます。
ビジネス用途で用いる文章であれば、その旨を伝え
てください。
···

プ ロンプトに文章を入力し、「翻訳してほ
しい」と指示をすれば、ChatGPT を用
いて翻訳を行うこともできます。
　ただし、業務で扱う文書は正確性が求めら
れるので、専門用語が適切に使用されているか、
内容が正しく翻訳できているか、内容を理解し

ている人が確認する必要があります。したがっ
て、文章を理解するための参考として用いるこ
とが主な使い方になるでしょう。
　また、日本語で書かれた文章を英訳すること
もできます。

Chapter

0
1
2
3
4
5
6

+α 読み手に応じて文体を調整する

　ChatGPT にあってほかの**翻訳ツール**にない強みは、
トーンの設定ができることです。日本語を英語に翻
訳する際に**「ビジネス向けの文章にして」**と指示す
ればフォーマルな言い回しの英語表現が出てきます
し、反対に口語的な表現にすることもできます。状
況によって、適宜調整すると良いでしょう。
　また、翻訳ツールは言語の縛りがありますが、
ChatGPT は多くの言語に対応していることも特徴で
す。
　「韓国語で」「イタリア語で」など言語の指定をする
だけで翻訳ができるので、**同じ文面を複数の言語で
作成する場合にも役立ちます。**すべての言語に対応

しているわけではないですが、主要な言語として、英
語、スペイン語、フランス語、ドイツ語、イタリア
語、ポルトガル語、中国語（簡体字）、ロシア語、韓
国語、日本語、アラビア語などに対応しています。
　ただし、ChatGPT の最も得意な言語は英語であり、
主に英語を扱うように開発されています。精度を求
めるなら、英語での利用がおすすめです。
　ほかに精度の高い翻訳ツールのひとつに「DeepL」
があります。DeepL でも翻訳を行い、**ChatGPT の出
力結果と比べることで、単語や表現の差や文章の正
確性を比較する**のも良いでしょう。

活用術
⓪④ 自分が書いた文章を評価してほしい

P
POINT

① 文章の用途を提示する。
② 評価行うように指示する。
③ もとの文章を入力する。

USER
以下の文章は<u>サービスの紹介文</u>①です。文章を<u>評価してほしい</u>②。

> PocketConnectは携帯サービスに革新をもたらします。当社の独自の技術により、通信速度の向上と安定性を追求。データのセキュリティも万全で、安心してインターネットをお楽しみいただけます。このサービスでは低コストで高速なインターネット接続を提供し、世界中でシームレスな通信を実現します。

AI　ChatGPT
この文章の評価は、以下のようになります：

この紹介文はPocketConnectという携帯サービスについて、その特徴や利点を明確に説明しています。低コストで高速なインターネット接続を提供し、世界中でシームレスな通信を実現すると述べています。また、通信速度の向上と安定性、データのセキュリティにも注力していることが伺えます。

全体的に見て、このサービスがユーザーのニーズを考慮し、高速かつ安定したインターネット接続を提供することをわかりやすく伝えているため、優れた文章のように思われます。

USER
よりわかりやすくなるように
文章の改善点を教えて。

ChatGPT
以下は、紹介文の改善点のいくつかです：
現在の文章では、PocketConnect がどのような革新をもたらすのか、具体的な説明がありま
せん。サービスがどのような革新的な機能や技術を提供するのかを明確に示すことで、読者
により具体的なイメージを与えることができます。

1. 利点の具体化：高速なインターネット接続やシームレスな通信という利点が
   述べられていますが、それらの利点を裏付ける具体的な事例やデータを追加することで、
   信頼性を高めることができます。
2. 独自性の強調：当社の独自の技術により通信速度の向上と安定性を追求していると
   述べていますが、その独自性や他社との比較についての情報が欠けています。
   他社との差別化や特徴を強調することで、競争力を高めることができます。
3. カスタマーサポートの強調：24時間いつでも対応するカスタマーサポートが
   あることは素晴らしいですが、そのサポートの質や方法についても触れると、
   読者に安心感を与えることができます。

これらの改善点を考慮することで、より魅力的な紹介文を作成することができます。

文章を生成した後は、人に見せる前に文章
全体の意味がきちんと通っているか確か
めることが大切です。
　ChatGPTは意味が通っているか、意図したこ
とが正確に伝わっているか確認する際に活用す
ることができます。「文章を評価してほしい」と

いう指示とともに文章を入力すると、文章全体
の評価をしてくれます。
　単純な校正と異なるのは、その内容自体が便
利なのか、優れているのかといった**内容評価**ま
でしてくれる点です。

+α　評価を踏まえて、よりわかりやすくする

　評価を聞いたあと、「**改善点を教えてほしい**」とプ
ロンプトを追加することで改善点を洗い出すことが
できます。**提示された改善点をもとに文章を修正し、
それを再度ChatGPTに評価してもらうことも可能で
す。**さらには、自身で修正せずとも、「**文章を改善し
てほしい**」と指示すればChatGPTが直接改善した文

章を出力してくれます。
　また、「**○○という意図で書いた文章ですが、意図
は伝わりますか**」という聞き方もできますし、「**もっ
と伝わりやすくなるように文章全体の構成を見直し
てほしい**」とすれば、その通りに構成が修正された
文章を出力することができます。

活用術
05 箇条書きを ひとつの文章にしてほしい

USER
以下の箇条書きを<u>会議資料に使える文章にまとめて</u>ほしい。①②

③
- ・先月より新規契約数が減
- ・競合サービスのローンチが原因
- ・料金設定の改定、新規ターゲット要検討

POINT
① 文章の用途を明示する。
② 箇条書きを文章にしてほしいと指示する。
③ 箇条書きを明記する。

ChatGPT
以下は会議資料に使える文章にまとめたものです：
1. 先月に比べて、新規の契約数が滞っています。
2. 競合サービスのローンチが影響している可能性があります。我々はこれに対応する施策を検討する必要があります。
3. 市場競争力を保つべく、料金設定の改定と、新たなターゲットの検討が必要です。

取材や会議の後は、アイデアの箇条書きやメモ書きをひとつの文章にまとめるという作業も発生します。プロンプトで文章にしたい素材と指示を入力すると素材として渡した項目やメモ書きが文章で出力されます。

また、ChatGPTでは出力された文章は箇条書きやメモ書きの項目順で構成されるので、作成した文章が適切でないと感じた場合は項目を入れ替えて再度出力すると良いでしょう。文章を使用する目的やターゲット層を入力するとそれに適した文章を作成することができます。

箇条書きから文章化するプロンプトのバリエーション例

ですます調の文をである調の文に書き換えてほしい。

顧客に向けたメールの文章に書き換えてほしい。

活用術
06
「だ・である」調を
「です・ます」調に修正してほしい

 USER

以下の文章を「です・ます調①」に修正して②ください。

③ 今までのサービスプランを見直し、料金クラスを3つに増。また、ターゲット層を広げるために、サービス内容も改定。新たなサービスは8月1日から切り替え。

POINT

① 「です・ます調」を指定する。

② 文章の修正を指示する。

③ 修正したい文章を入力する。

AI ChatGPT

「です・ます調」に修正します：

今までのサービスプランを見直し、料金クラスを3つに増やしました。また、ターゲット層を広げるために、サービス内容も改定しました。新たなサービスは8月1日から切り替わります。

見　逃してしまいがちな文体の調整を行うことができます。しかし、上記のChatGPTの返答例のとおり若干不自然な部分が生じることもあるので、違和感のないように調節しなおす作業が必須です。また、「だ・である調への変換」のみを指定すると失敗することも多いです。「~である、~であった、~だ、~した」と文末の指定をすると比較的正確に出力されます。また「新聞風に」「ニュースキャスターのように」など、その文体を特徴とする例を挙げるのも効果的です。

文末表現の
プロンプトのバリエーション例

 文末表現のバラツキを
揃えてほしい。

 新聞記事のような文体に
書き換えてほしい。

活用術

謝罪のメールの
下書きを書いてほしい

POINT

① 謝罪の相手やトーンを指定する。

② ミスした内容を書く。

③ 今後の対応を書く。

USER

以下の内容で上司①に向けて謝罪文を書いて。

私は今日電車の遅延により、30分遅刻をした②。会社の人に迷惑をかけて

しまったため、謝罪したい。今後は、早く家を出るようにする。③

AI　ChatGPT

件名：本日の遅刻の謝罪と今後の改善策について

私の遅刻により、ご迷惑をおかけしましたことをお詫び申し上げます。

本日、電車の遅延により30分遅れとなってしまいました。

それによって、皆様にご迷惑をおかけし、大変申し訳なく思っております。

今後は余裕を持って家を出るようにし、

また、交通情報をより慎重にチェックし、遅延の可能性を事前に把握するようにいたします。

皆様にご迷惑をおかけしましたことを重ねてお詫び申し上げます。

　ジネスの現場で避けて通れないのが「謝罪のメール」です。反省しているからと重い謝罪の言葉を繰り返すと、相手によっては慇懃無礼に響くこともあります。

　そのため、相手が誰であるか、どの程度のト

ーンで謝罪するのかをChatGPTに伝えましょう。加えて、ミスをどのように受けとめているのか、今後の再発防止のためどのような対策をとるのか、この2点を過不足なく伝える必要があります。

USER
もう少しだけ親しみの
もてる文章にして。

ChatGPT
件名：本日の遅刻の謝罪と今後の改善策について
今日は電車の遅延で、30分も遅刻してしまいました。
ほんとうに申し訳ありません。
みんなにご迷惑をかけてしまったことを心から反省しています。
仕事やスケジュールにも影響が出てしまったかもしれないと思うと、
とても心苦しく感じています。
これを機に、時間管理の重要性を改めて実感しました。
今後は、早めに家を出るようにすることを心がけ、交通状況や予期せぬ
トラブルにも対応できるような対策を考えていきます。
私はみんなに対して信頼される存在でありたいと思っていますので、
今後は一層気を引き締めて頑張ります。
最後に、遅刻でみんなにご迷惑をかけてしまったことを
心からお詫び申し上げます。

✦✉ **謝罪の程度を調整する** ⋯⋯⋯⋯⋯

社内の先輩、チームリーダーなどある程度近い関係の場合、ミスの度合いに対して謝罪の表現が重すぎると感じた場合は、「もう少し〜して」とトーンを調整しましょう。

**謝罪のメールの
プロンプトのバリエーション例**

重要な取引先に納期遅延の
謝罪をするメール文を作成してほしい。

前回の業務の遅延を軽く詫びてから
本題に入るメール文を作成してほしい。

+α 状況把握と問題解決を別途行う

　謝罪のメールを送るのは気が重いものですが、待たせるほどに相手の怒りや不安が増します。それゆえスピードが求められるわけですが、一方で「気持ち」と「状況把握」と「問題解決」の3点を含みながら文章を構築しなければならない、やっかいなメールといえるでしょう。

　プロンプトを重ね、謝罪のテンションを調整しながら、今後の対策に関しての文章の完成度を高めていくのは、なかなか手間がかかります。事態が重大な場合には、**別途ChatGPTで作成したトラブルに対**する対策文を謝罪のメールと合体させるというのもひとつの手です。

　その際、「謝罪の一文をいくつか挙げてください」と伝えて、挙げてもらった文章を前後に組み合わせてメール文をつくるのも良いでしょう。

　幾度となく「誠に申し訳ございません」を繰り返すのは、クドくないか、ほかの表現はないかと模索している人もいるでしょう。そうした人はこの方法を使うだけでも、謝罪のメールを書く精度を上げられます。

活用術

08 お願いのメールの下書きを書いてほしい

POINT

① お願いのトーンを指定する。

② 頼む相手を指定する。

③ お願いしたい内容を提示する。

USER

以下の内容で仕事をお願いするメールを<u>丁寧な文体</u>①で作成して。<u>上司</u>②に<u>会議で使う書類データの確認</u>③を依頼する。

AI　ChatGPT

件名：会議で使用する書類データの確認についてのお願い

[上司の名前] 様

会議で使用する書類データの確認のお願いがございます。

[書類の内容や目的] に関連するデータを、ご確認いただけますでしょうか。

特に、[重要なポイントや確認すべき項目] について、お目通しいただけると幸いです。

会議までの時間が迫っており、迅速な回答をいただけると大変助かります。

もし何か質問や疑問点がございましたら、遠慮なくお知らせください。

大変お忙しいところ、このようなお願いをさせていただくことになり

申し訳ありません。どうかご協力をいただけますよう、お願い申し上げます。

周 りの人に仕事をお願いするときは、相手の顔色うかがいや、機嫌を損ねないように、気を遣うといったシチュエーションが日常的に発生するのではないでしょうか。

その都度、丁寧に長々とお願いごとを書いていては効率が悪いばかりか、相手（メールの読み手）の業務の妨げにもなってしまいます。立場やお願いの程度に応じて、ChatGPTにメールの下書きを作成してもらえば、メール作成の時間を軽減できます。

USER
もう少し短く
簡潔な文にして。

✨📩 今よりも簡潔な文にしてもらう ············

業務が忙しいときの長文のお願いメールは、要点が
わかりにくくなって相手を苛立たせてしまうことも。
「もう少し簡潔にして」と指示して、文章をコンパク
トにして送信したほうが好まれます。

ChatGPT
件名：会議で使用する書類データの確認について
[上司の名前]様
いつもお世話になっております。[自分の名前]です。
会議で使用する書類データの確認をお願いいたします。
[書類の内容や目的]に関連するデータを
ご確認いただけますでしょうか。
特に、[重要なポイントや確認すべき項目]に
目を通していただけると助かります。
会議が近づいており、できるだけ早めの回答をお願いいたします。
ご質問や疑問点がございましたら、どうぞお知らせください。
よろしくお願い申し上げます。

> お願いのメールの
> プロンプトのバリエーション例

 取引先へ業務依頼を
お願いするメールを書いてほしい。

 取引先に●月〇日のアポイントを
お願いするメールを書いてほしい。

+α 「ちょっとした一言」を自分の言葉に置き換える

　デスクワーク中心の仕事であれば、お願いごとの
メール頻度も高いでしょう。そのため、書く内容も
似てくることが多いです。そこで、前に書いたメー
ルをコピーペーストして、改変箇所をChatGPTに伝
えるという方法も便利です。例えば、立場がより上
の人に依頼するということであれば、「もっと丁寧に
書き直して」といった具合です。

　ほかにも、まだ緊張している入社したばかりの新
入社員に仕事を依頼するときなどは、「もっとフラン
クに書き直して」などとお願いするのも良いでしょ
う。情報（依頼内容）を正確に伝えるためにあれこ
れ思案することはあっても、そうしたさりげなく元

気づける一言、気持ち良く仕事をしてもらうための
一言などが欠けている上司、チームリーダーは多い
ものです。普段は思いつかないことでも、ChatGPT
であれば瞬時に提案してくれます。

　ChatGPTが提案してくれた文章を生かして、自分
が普段使う言葉に調整していくことで、相手により
気持ちが伝わる文章になります。あくまで「下書き」
である点を忘れないようにしましょう。社内の人に
対して「お世話になっております」を使用する、目
上の人に対して「ご苦労さまです」を使用するなど、
日本のビジネスマナーに合わない文言の調整も忘れ
ずに。

活用術
09 お礼のメールの下書きを書いてほしい

POINT

① お礼の相手を指定する。

② メールの作成を指示する。

③ お礼と報告内容を箇条書きで入力する。

USER ①
上司に対して、②以下の内容でメールを作ってほしい。

③
・アドバイスのおかげで企画が通ったことの報告
・アドバイスをいただいたことへの感謝

ChatGPT
件名：企画通過の報告とお礼

〇〇さん

この度は、先日いただいたアドバイスのおかげで、私たちの企画が通過しましたことをご報告いたします。

ご指導いただいた内容は、私たちが考えていた方向とは異なる視点を提供してくださり、大変有益なものでした。その結果、プロジェクトチーム全体が新たな気づきを得ることができ、より質の高い企画を完成させることができました。

的確なご指摘と建設的なフィードバックによって、私たちは自信を持って提案を進めることができています。貴重なアドバイスとお時間をいただき、心から感謝申し上げます。

ビジネスにおけるお礼のメールは、自分の気持ちと「どんなことに感謝をしているのか」という詳細を、正確に伝えることが重要です。感謝の内容をプロンプトに正確に入力するようにしましょう。プロンプトが曖昧だと出力結果も曖昧になります。

また、メールを送る相手との関係性を指定すると良いです。上司、部下、あるいは外部の取引先かなど、関係性によってメール本文のトーンを調節してくれます。

✦ ✉ 状況の進捗に応じたメールを作成する ……

追加のプロンプトでお礼の内容を調節することができます。一度つくった内容から進捗があった場合、その進捗を踏まえたメールに調整しなおしてもらいましょう。

USER
新たなサービスとして発表されることを報告するメールをつくって。

ChatGPT
件名：新サービス発表の報告とお礼
〇〇さん
このたび、私たちの企画が順調に進んでおり、新たなサービスの発表が決定いたしましたことをご報告いたします。
先日いただいたアドバイスを参考にしながら、私たちは詳細な計画を練り、効果的なサービスの実現に向けて着実に進めてまいりました。おかげさまで、開発チームやマーケティングチームの協力を得ながら、期待に応える新しいサービスを形にすることができました。
新サービスは□□というコンセプトに基づいており、△△機能も搭載しています。今回の新サービスの発表により、市場での競争力を高め、より幅広い顧客層にサービスを提供することができると確信しております。これも、〇〇さんをはじめとする関係者のみなさまのご支援とアドバイスの賜物です。心から感謝申し上げます。
次のステップとして、発表日程や宣伝活動の詳細については、別途報告させていただきます。
引き続き、ご指導とご支援を賜りますようお願い申し上げます。

お礼のメールの
プロンプトバリエーション例

退職の際にこれまでお世話になった人に感謝を伝えるメールを書いてほしい。

下記のメールの最後にお礼の言葉を書き添えてほしい。

+α　成果もしっかり伝えることが礼儀

　ビジネスの場でお礼のメールを書くときは、プロジェクトが成功したり、自分自身の仕事の成果が出たりしたときでしょう。お礼をされるほうの立場としても、お礼の言葉以上にその成果について聞きたいものです。

　そのため、状況が変化すれば、それに伴った文面が必要になります。ほかの人にお礼のメールを書く際に、最初に出力されたメールの文面から状況が変わっていれば、その文面を発展させて新たなメールをつくることもできます。

　また、あらたまったお礼ではなくとも、お礼の言葉は書き添える機会も多いでしょう。「本当にありがとうございます」といった文言を繰り返すばかりで、あまり気持ちが伝わらないと思う人は、自分が書いたメールにお礼の言葉を書き添えてもらうと良いでしょう。

活用術

10 報告のメールの 下書きを書いてほしい

P O I N T

① メールの宛先を指定する。

② 報告メールの作成を指示する。

③ メールの内容を入力する。

USER

以下の内容で上司宛に報告のメールを作ってほしい。
       ①   ②

③
件名：打ち合わせ内容についての共有
・ホームページ作成を H 社に打診
→1週間後までに確定、H 社がダメなら S 社に

AI   ChatGPT

件名：打ち合わせ内容についての共有

[受取人の名前様]

先日の打ち合わせ内容を共有いたします。

以下がホームページ作成と記事の作成についての詳細です。

ホームページ作成について：

私たちは H 社にホームページ作成を打診しました。

H 社については、1週間以内に彼らと契約を進める予定です。

もし H 社との契約が成立しない場合は、素早く S 社に打診し、

彼らとの契約を進める予定です。

目標は最大限効率良く、素晴らしいホームページを作成することです。

何かご質問やご意見がございましたら、お気軽にお知らせください。

引き続きよろしくお願いいたします。

[あなたの名前]

✦ ✉ タスクの進捗に応じたメールを作成する ⋯

最初に出力させたメールを発展させて、1週間後に
進捗を報告するメールを作成しましょう。

USER
1週間後にタスクの進捗を報告する旨の
メールを作ってほしい。

ChatGPT
件名：進捗報告：ホームページ作成と記事作成について
[受取人の名前様]
先週に共有したホームページ作成と記事作成に関するプロジェクトについて、
1週間が経過いたしましたので、進捗報告をさせていただきます。
ホームページ作成について：
H社へのホームページ作成についての打診が成功し、本日の打ち合わせにより、具体的な要
件と納期が確定しました。彼らとの契約が成立したことをお知らせいたします。現在、制作
に取り掛かっている段階です。進捗は順調であるため、納期を守ることができると確信して
おります。
記事の作成について：
ライター候補に執筆の打診を行いました。幸いにも、5人のライターがプロジェクトに興味
を示し、契約が成立いたしました。各ライターにテーマと要件を伝え、1週間以内に記事の
執筆を開始する予定です。
これにより、目標の50記事を1カ月以内に完成させることが可能となります。
[あなたの名前]

打ち合わせ内容の共有や進捗報告など、報
告のメールを作成することも多いでしょ
う。報告のメールの下書きをChatGPTでつく
るときは、報告・共有する内容を漏れなくプロ
ンプトに書き込むようにしましょう。
　報告のメールでは、情報さえ正確に伝えれば、

メモ書き程度のプロンプトでも、うまく文章に
まとめてくれます。必要な情報は漏らさずプロ
ンプトに書き込み、出力されたものを必要に応
じて修正しましょう。また、**プロンプトで報告
する相手を指定すると、相手に応じてメール本
文のトーンが変わります。**

+α トラブルの際は細かい情報も報告

　最初に出力されたメールを発展させて新たなメー
ルをつくることもできます。追加のプロンプトで、時
間経過と状況を指示するとメールの内容もより適切
になります。
　また、自分のミスや業務上のトラブルを報告する
場合もあるでしょう。その場合も、**プロンプトにミ
スやトラブルが発生した日時とその内容、解決策に
ついてなど、具体的な内容を入力することが大切**で

す。**時間経過により報告のトーンも変わるので、ミ
スやトラブルが発生した日時、メールした時点でど
れくらい経っているのか、解決したのかなど、状況
を細かく入力しましょう。**
　事実と異なることを報告してしまうとさらに業務
に支障をきたすため、自分自身での確認は必ず怠ら
ないようにしてください。

Chapter
0
1
2
3
4
5
6

活用術

文章の内容を要約してほしい

P
POINT

⌐
① 要約の注意点を明示する。

② 文字数を指定する。

③ 要約する内容を入力する。
⌐

USER

次の文章を<u>ChatGPTの魅力がわかるように</u>①<u>300文字</u>②で要約してほしい。

ChatGPTは、テキストメッセージを入力すると、それに応じた答えを対話形式で返してくれるAIです。

インターネット上にある膨大な情報を学習し、複雑な語彙・表現も理解できるのが特徴です。ビジネスの分野においては、議事録・レポートの作成や、文章の要約、文章のチェック・修正など、業務への活用が期待されています。

③ 文書作成でChatGPTを使えば、誤字脱字や変換ミスといったヒューマンエラーが発生しないので、精度の高い文章を作成することができます。もちろん、そのまま文章をコピーして送るわけにはいきませんが、いちから文章をつくるよりも、はるかに効率が良いといえます。

ChatGPTには、無料の「GPT-3.5」と有料の「GPT-4」のふたつのエンジンがあります。ChatGPTの回答能力や文章の整合性をさらに高めたいときは、「GPT-4」を活用すると良いでしょう。

AI

ChatGPT

ChatGPTは、テキストメッセージに対して対話形式で応答するAIです。インターネット上の豊富な情報を学習し、高度な語彙や表現を理解します。

ビジネス分野では、議事録やレポート作成、文章要約、チェック・修正などに活用が期待されています。ChatGPTを用いることで、誤字脱字や変換ミスのリスクがなく、精度の高い文章が作成できます。

ただし、そのままコピーして送信するのではなく、文章の最終確認は重要です。この方法で、文章作成の効率が向上します。

また、ChatGPTには無料の「GPT-3.5」と有料の「GPT-4」というふたつのエンジンがあります。「GPT-4」を活用することで、回答能力や文章の整合性をさらに向上させることができます。

会議の議事録や、上司に業務内容の報告をするときなど、要約をする場面は案外多いです。特に伝えるべき情報が膨大だと、どこを抜粋して伝えれば良いのか迷ってしまうことがあります。そんなとき、ChatGPTを使えば、容易に要約をすることができます。その際、用途に応じて、**何字程度で要約をするのか、どの**ような趣旨で要約するのかをプロンプトで指定すると、自分の求めているものに近い要約が出力されます。また、報告のためだけでなく、自分がその文章に書かれた要点をざっくりと把握できるよう、要約してもらうのも便利な活用術です。

文章要約の
プロンプトのバリエーション例

 議事録の文字起こしを要約したうえで、最後に決定事項を一覧にしてほしい。

 この文章を小学校高学年にわかるような言葉で要約してほしい。

+α より自然なメールに仕上げるコツ

ChatGPTは、**議事録や打ち合わせ、取材の録音な**ど、**長いデータでも要約をすることができます**。また、膨大な情報からハイライトを抽出して箇条書きにしたり、要約したものを所定のフォーマットに整えたりできます。議事録の要約を出力したあと、そのまま「**メールにして**」と指示をすれば、出席者へのリマインドや欠席者への会議内容の共有を迅速に行うこともできます。このような活用方法で業務にかかる時間が大幅に削減されます。

また、プレゼンテーションの内容を要約することもできます。「重要な部分を簡潔にまとめて」と指示すれば、どの部分を強調するとより端的に伝えることができるかを客観的に把握できます。

また、ニュースや記事を要約することで、**情報収集にかける時間を削減**することもできます。社会情勢や市場、競合他社の動向についての情報をまとめ、スムーズに今後のビジネス戦略やプロジェクトを考える手助けにもなります。

活用術

12　文章の内容を表にしてほしい

P
POINT

① 文章を表にしてほしいと指示する。

② 表に入れたい項目を明示する。

③ 表にするデータを入力する。

USER

次の文章を表にしてほしい。①　国と人口別で。②

③　日本の人口は約1億2330万人、中国の人口は14億4850万人、インドの人口数は
14億660万人、アメリカの人口は3億3480万人である。

ChatGPT

国	人口数
日本	約1億2330万人
中国	14億4850万人
インド	14億660万人
アメリカ	3億3480万人

以上の文章を表にして、国と人口別にまとめました。

情　報をまとめる際に表を作成する場面が多くあります。しかし、データをひとつずつExcelに入力していくのは時間がかかります。ChatGPTで表に必要なデータを入力すると、簡単に表の作成が可能になり、Excelに追加することもできます。表を作成する際、まとめる項目を指定する場合は「○○、○○、○○を表でまとめて」という指示にすると、指示通りの表が生成されます。

単純に要素だけを並べて入力すると箇条書きで出力されるので、**必ず表にしてほしいといった具体的な指示を入力しましょう。**

USER
順位の項目を追加して、
1位から順に並べなおして。

✦⊹ ✉ 表の順番を変える ……………………

表の順番やまとめる方法を指示すると、指示通りに
整えられた表が出力されます。表に順位を表示する
項目を追加し、人口が多い順に並べかえてみましょ
う。

AI　ChatGPT

順位	国	人口
1	中国	14億4,850万人
2	インド	14億660万人
3	アメリカ	3億3,480万人
4	日本	約1億2330万人

以上の表は、人口の多い順に国を並び替えたものです。

表作成の
プロンプトのバリエーション例

順位を降順に
並べ直して表にして。

国土面積と人口密度の項目を追加し、
人口密度順に並べ直して。

Chapter
0
1
2
3
4
5
6

+α　要点を整理したうえで表にする

　例では表のデータをプロンプトに入力しましたが、**ChatGPTの表作成機能は**情報整理だけでなく、さまざまな業務シーンで活用することができます。

　ニュースやプレゼン、会議の内容などを文章で送って「表にまとめて」と指示することで文章の要点を表に整理してくれます。「**ほかの商品との違いを表で示したい**」「**会議の議事録をトピックごとにまとめ直したい**」といったときに活用できます。

　プロジェクトの進捗やタスクの割り当てを表に整理して管理する際や、チームや企画の進行状況を一目で管理する際にも役立ちます。**一度作成した表は**

テンプレートとしてExcelに保存し、継続して使用することも可能です。

　また、複数のトラブルを入力した後に「**トラブルと解決策を表にまとめて**」というような指示をすると、表に解決策が追加された表が生成されます。顧客からのフィードバックを整理したり、Q&Aをまとめたりすることも可能です。数字の表だけでなく、「文章を表にまとめる」、さらにChatGPTに「表の空いた箇所を埋めてもらう」という使用方法は業務の効率化に寄与します。

活用術

13 KJ法で項目を分析して パターンを見つけてほしい

P
POINT

① 議題の主旨を明示する。

② KJ法で分類してほしいと指示する。

③ 分類してほしいデータを入力する。

USER

以下は「どんな居酒屋に行きたいか」という議題①で挙がった意見。KJ法で分類し②、パターンを見つけてほしい。

③ 清潔さ、雰囲気の良さ、店員の接客態度が良い、店内がおしゃれ、友達に紹介したくなる、ご飯が美味しい、サービスが良い、料理のクオリティが変わらない、提供スピードが速い、お酒の種類が多い

AI **ChatGPT**

KJ法で分類し、パターンを見つけてみましょう。

パターン1：雰囲気に関連する要素
　　雰囲気の良さ　店内がおしゃれ
パターン2：サービスとスピードに関連する要素
　　店員の接客態度が良い　サービスが良い　提供スピードが速い
パターン3：食事に関連する要素
　　ご飯が美味しい　料理のクオリティが変わらない　お酒の種類が多い
パターン4：その他の要素
　　清潔さ　友達に紹介したくなる

USER
KJ法でまとめられたパターンについて、
ひとつずつ追加の意見をあげて。

✦⁺ ✉ 追加の意見を求める ·······················

KJ法で整理されたパターンに対して、まだ挙られてない意見をChatGPTに見つけてもらうことができます。追加で意見を求めてみましょう。

···

ChatGPT
それでは、KJ法でまとめられたパターンに対して
追加の意見をひとつずつ挙げてみましょう。

パターン1：雰囲気に関連する要素
　雰囲気の良さ　店内がおしゃれ
　追加の意見：ライブ音楽やBGMの選曲が素敵であること
パターン2：サービスとスピードに関連する要素
　店員の接客態度が良い　サービスが良い　提供スピードが速い
　追加の意見：スタッフの対応が迅速であること
パターン3：食事に関連する要素
　ご飯が美味しい　料理のクオリティが変わらない　お酒の種類が多い
　追加の意見：メニューのバリエーションが豊富であること
パターン4：その他の要素
　清潔さ　友達に紹介したくなる
　追加の意見：ユニークな季節のイベントがあること

K　J法とはブレインストーミングであがった意見をパターン別に分類・分析する方法です。このフレームワークを利用することで、議論に対する細かい課題をパターンごとに分類することができます。

　ChatGPTでは、意見・アイデアをプロンプトに打ち込んで指示することで、パターンの分析、分類分けが可能です。雑多な状態の情報をいったん整理する、要点をピックアップするといった際に便利でしょう。アンケートの結果内容の整理やアイデア出しの整理などに使えます。

+α　整理する目的を伝えることで精度が上がる

　ChatGPTを通じてKJ法をはじめとするさまざまなフレームワークを使用する際には、項目の指示や議題・目的の指定が大切です。

　何に対して上がった意見か、意見を整理するパターンについて、KJ法で整理する目的などをプロンプトで指定することで、出力内容の精度が向上します。さらに、「追加の意見を提示して」などとプロンプト

を追加することによって、それぞれのパターンについての新たな意見を得ることできます。

　足りない部分をChatGPTに補ってもらうことで、議題に対して自分では気づけなかった新たな視点を導き出すことや、将来のビジネス戦略を考えるアイデアを出力してもらうことも可能です。

活用術

14 大量のデータを目的ごとに分類してほしい

POINT

①分類の項目を明示する。

②分類を指示する。

③分類してほしいデータを入力する。

USER

次のデータを地方ごとに①分類してほしい。②

③[佐賀県、奈良県、千葉県、大阪府、京都府、東京都、神奈川県

AI ChatGPT

以下に、与えられたデータを地方ごとに分類しました。

関東地方：
東京都、神奈川県、千葉県

近畿地方：
奈良県、大阪府、京都府

九州地方：
佐賀県

　数あるデータを分類別に分ける業務において、ひとつずつデータを見つつ手作業で分類していくのは手間がかかります。
　ChatGPTは与えられたデータを分析し、指定された分類項目に基づいてデータを整理します。

　例えば、「調理器具、文房具、電子機器に分類してほしい」など、分類する項目を指定すると、雑多な状態の備品を項目別にをまとめることができます。分類後に表にまとめるように指示すると検索性が上がります。

✦✉ **分類を表にまとめる** ·····························

追加のプロンプトで指示を加えることで、分類した
データを表にまとめることができます。資料や分析
など、データを活用する幅が広がります。
··

USER
このデータを
表にまとめてほしい。

AI ChatGPT
以下に、与えられたデータを地方ごとに分類した表を示します。

地方	都道府県
関東地方	東京都
関東地方	神奈川県
関東地方	千葉県
近畿地方	奈良県
近畿地方	大阪府
近畿地方	京都府
九州地方	佐賀県

データ分類の
プロンプトのバリエーション例

 以下の商品名を食品メーカー別に
分類してほしい。

 以下の動物の一覧を
イヌ科とネコ科に分けてほしい。

+α 基準を設けて整列する

　ChatGPTを活用して**データを分類する**ことで、膨大なデータを効率的に整理することができます。例えば、アンケート結果から、性別、年齢、地域などの特定の属性ごとにデータを分類すれば、属性をもとに解答の傾向を分析することができます。

　商品のカテゴリ分類も同様で、データをカテゴリごとに分類すれば、在庫管理や商品の比較に役立てることができます。また、値段ごとに順番を入れ替えることもできるため、なにかひとつ基準を設けて並び替えることで、競合他社の商品との比較・分析や、自社の商品の整理を行うことができます。

　また、WEBサイトやWEB記事を作成する際のカテゴリの分類などにも役立てることができます。タイトルをいくつか指定して**「カテゴリを5つ作成して、分類してください」**と指定するとページや記事をカテゴリごとに分類してくれます。

　さらに、**分類したデータを表形式でまとめることによって、データの傾向や情報が可視化されます。**データを集めて分類するだけでなく、ChatGPTを活用してデータ分析や可視化を行うことで検索性が向上し、データがより有益なものになります。

活用術

15 難解な文章のポイントや論点を教えてほしい

POINT

① 文章のポイントや論点を教えてほしいと指示する。

② 出力する形式を指定する。

③ もとの文章を入力する。

USER
次の文章のポイントと論点を教えてほしい。①　箇条書きで。②

③ 地球温暖化は気候変動の主要な側面であり、気温の直接測定や、温暖化の様々な影響の測定によって実証されている。その要因は温室効果ガスによると考えられている。温室効果ガスは大きな熱保温指数を有することが特徴であり、そのため少量でも大気温度が上昇する。

ChatGPT

ポイント：

1. 地球温暖化は気候変動の主要な側面である。
2. 気温の直接測定や、温暖化の影響の測定によって実証されている。
3. 温室効果ガスが地球温暖化の主な原因と考えられている。

論点：

1. 地球温暖化の影響がどのような形で現れているか。
2. 温室効果ガスの排出源とその削減方法について。
3. 地球温暖化の進行を抑えるための国際的な取り組みの必要性。
4. 現代社会における温室効果ガス削減政策の具体的な施策。
5. 地球温暖化が特に環境や生態系に及ぼす影響についての対策や緩和策。

USER
温暖化が農業に与える影響を
簡単な文章にまとめ直して。

✦✉ 論点を簡単にまとめる ·················
追加のプロンプトで論点やポイントをまとめ直すことができます。先ほど出力された論点を簡単な文章にまとめ直して、人に伝えやすいようにしましょう。

ChatGPT
地球温暖化が農業・漁業、食料問題、生物相などに与える影響の見積もりや評価方法に関する論点は以下のようにまとめられます：

1. 農業・漁業への影響の見積もり：地球温暖化による気候変動が農作物や漁業資源に与える影響の評価や見積もり方法が論点になっています。生育期間や収穫量の変化、水資源への影響などが議論されています。
2. 食料問題への影響の評価：気候変動が食料供給に及ぼす影響を評価する方法が論点になっています。気候変動による農作物の収穫量や品質の変化、価格への影響、飢餓のリスクの増加などが懸念され、評価手法の改善が求められています。
3. 生物相への影響の評価：気候変動が生物相に及ぼす影響の評価方法が論点になっています。生物の生息地や分布、生態系の変化、生物多様性への影響などが懸念され、予測モデルや長期的なモニタリングの重要性が指摘されています。

これらの論点は、地球温暖化の影響を考え、それに対する適切な対策を立案するために重要です。科学的な研究やモデリングの進歩により、これらの論点に対する理解が深まっていくことが期待されています。

議 論の前準備として資料を作成する際や、ディスカッションの論点を整理する際は、事前に難解な長文のポイントや論点をまとめておく必要があります。

専門的な業務といえますが、ChatGPTに指示するとうまくポイントや論点を抜き出してくれます。**ポイントや論点の個数も指定できるので、用途に合わせてプロンプトを編集しましょう。**

+α 指示を繰り返し論点を洗い出す

　追加のプロンプトで指示を繰り返すことで、**さらに掘り下げた論点を洗い出すことや、生成されたポイントから再度文章をまとめ直す**といったことができます。例えば、プロンプトを「地球温暖化が農業などに与える影響の見積もりや評価方法に関する論点を簡単な文章にまとめ直して」というように具体化していくことで、議題をさらに掘り下げて考えたいときや、文章を簡単な構成にあらためたいときに

活用できます。
　また、複数の論点が生成されることで、新たな視点からの分析や今までにない発見が期待できます。どのような議論が展開されるか予想してもらうことで質疑応答の準備をしたり、自分では気付けなかった新たな議論のポイントに着目することができます。議題について改めて考え直したいときに使いたい手法です。

活用術

16 書類のテンプレートを作成してほしい

POINT

① 報告書作成の対象を指定する。

② 報告書の作成を指示する。

③ まとめたい内容を入力する。

USER

次の<u>会議の結果</u>①を、<u>報告書としてまとめて</u>②ほしい。

③
日時：6月15日13時00〜

場所：弊社第3会議室

議題：新サービスについて

結論：新サービスに関する新たな部署を設立、2カ月後にプレスリリースを行う

AI　ChatGPT

報告書：会議結果のご報告

日付：6月15日

時間：13:00〜

場所：弊社 第3会議室

議題：新サービスについて

結論：

会議の結果、以下の結論が得られました。

新サービスに関する新たな部署を設立することとなりました。プレスリリースは、新サービスの開始から2カ月後に行う予定です。今後の展開に向けて、関係者は各自の役割と責任を確認し、新サービスの成功に向けて協力して取り組んでいくことが決定されました。

以上の報告となります。ご確認の程、よろしくお願いいたします。

USER
社外向けの提案書を
つくって。

✦📧 顧客への提案の文章にする ………………
**会議内容を社外の顧客へ提案する形式にまとめ直し
てみましょう。**

ChatGPT
件名：新サービス提案について
この度、新サービス提案についてご検討いただければと思い、
このメールをお送りいたしました。
弊社では、常にお客様のニーズに合った革新的なサービスの提供に努めております。
今回、[お客様の業界]における課題解決のための新サービスを開発いたしました。
ご提案内容の概要を以下にご説明いたします。
サービス概要：
弊社が開発した新サービスは、[特定の問題やニーズ]に対応し、[お客様の業界]における
ビジネスの発展を支援いたします。[サービスの特徴や利点]を活かし、業務効率の向上やプ
ロセスのスムーズ化、収益最大化を実現することが狙いです。
対象顧客：
このサービスは、[対象顧客]を対象としており、[特定の業界や特定のデモグラフィック情
報]におけるニーズに特化しています。市場の調査と分析を通じて、（以下略）

業務を進めるうえで文書を作成する場面は
多く発生します。その都度、ゼロから書
類を作成するのは手間がかかります。
　プロンプトに書類の形式と、書類を構成する
内容、見出しの設定を入力すると、文書のテン
プレートが出力されます。あとは文書ごとに必
要な情報を入力すれば文書が完成するので、テ
ンプレートとして保存しておき、部署内・社内
などで共有することができます。

+α　テンプレート作成で業務効率化を図る

　ChatGPTを活用した書類テンプレートの作成は、
業務の効率化を促してくれます。作成した報告書を
添えて「**社外向けの提案書につくり直して**」と指示
することで、手間を省いてフォーマルな提案書が作
成できます。報告書や提案書だけではなく、契約書
や企画書の作成にも応用が可能です。一度ChatGPT
で文書を作成したあと、「**この書式のテンプレートが
欲しい**」と指示することでもテンプレートを出力す
ることができます。
　また、文書だけでなく、**回覧メールや報告メール**
など、**送信する回数の多いメールのテンプレート**を
作成しておくのも良いでしょう。ChatGPTを利用し
て作成されたテンプレートを使用することで、統一
された文書を作成することができます。内容が抜け
落ちることがなく、迅速な文書作成が可能です。
　ただし、ChatGPTで作成したテンプレートについ
て、場面に適した情報が盛り込まれているか、事実
と整合性がとれているかを確認することは重要です。
ChatGPTでは、[ここにメリットを入れる]など、さ
らに情報が必要な場合に指示をもらえますが、自分
自身でも過不足がないかの確認を怠らないようにし
ましょう。

活用術

タスクの時間配分を考えてほしい

POINT

① 作業時間の目安を明示する。

② 時間配分を考えてほしいと指示する。

③ 具体的なタスク内容を入力する。

USER

以下は今抱えているタスクです。**3時間で作業する場合**①の

時間配分を考えて②ほしい。

③[メール対応、企画書作成、打合せ準備、プレゼン資料作成

ChatGPT

時間配分を以下に提案します:

1. タスクの整理と優先順位付け（10分）：最初に、各タスクの重要度と緊急度を考慮してタスクを整理し、優先順位を付けます。メール対応、企画書作成、打合せ準備、プレゼン資料作成の中で最も時間を要するタスクを特定します。

2. メール対応（1時間）：優先度の高いメールに集中し、返信や必要な処理を行います。できるだけ迅速に対応し、重要なメールには適切な返信を行うように心がけてください。

3. 企画書作成（1時間）：企画書の作成に取り組みます。事前に必要な情報や資料を整理し、構成を考えながら具体的な内容を執筆していきます。時間を把握し、効率的に進めるようにしましょう。

4. 打合せ準備（5分）：打合せのために必要な資料やデータをまとめ、整理します。議題や目標を確認し、会議の進行に必要な準備を行います。

5. プレゼン資料作成（45分）：打合せの結果や目標に基づいて、プレゼン資料を作成します。要点を明確にし、明解なグラフや図表を使用することで効果的なプレゼンテーションを目指しましょう。

✦⁺ ✉ タスクのスケジューリングをする　………

タスクをこなす場合の全体の時間配分だけでなく、実際の作業時間を指定するとそれに合わせてスケジューリングしてくれます。

USER
10時から13時でタスクをこなす場合のスケジューリングをしてほしい。

ChatGPT
10時から13時までの3時間でタスクをこなす場合のスケジュールを提案します：

[10:00-10:10] タスクの整理と優先順位付け
　　最初の10分間を使って、メール対応、企画書作成、打合せ準備、プレゼン資料作成の中で最も重要なタスクを特定し、優先順位を付けます。

[10:10-11:10] メール対応
　　優先度の高いメールから順に返信や処理を行い、可能な限り多くのメールに対応します。

[11:10-12:10] 企画書作成
　　必要な情報や資料を整理し、具体的な内容を執筆していきます。時間を意識しながら、効率的に進めるように心がけましょう。

[12:10-12:15] 打合せ準備
　　5分間を打合せ準備に使います。議題や目標を確認し、会議に必要な資料やデータをまとめます。必要な準備を整えることで、効果的な打合せに備えましょう。

[12:15-13:00] プレゼン資料作成
　　打合せの結果や目標に基づいて、要点をまとめたり、鮮明なグラフや図表を作成します。

複 数のタスクを抱えている場合、それらを効率的に解決するためには時間管理が欠かせません。しかし、各タスクにどれだけの時間を割くべきか迷うこともあります。
　このプロンプトでは、**現在抱えているタスクとそれらをすべて終わらせるための目安時間を**入力することで、**各タスクの作業時間の目安を**算出してくれます。出力された目安時間は自分の能力やタスクの難易度に合わせて適宜調節するのが良いです。その際、「○○をもっと短く」といった指示をすることで、**計算し直したもの**を簡単に再出力することができます。

+α スケジューリングにも活用する

単純にタスクの時間配分を行うだけでなく、**スケジューリング**も行ってくれます。例えば、就業時間までに現在のタスクに取り組みたい場合や、会議の時間までに特定のタスクを終わらせたい場合は、上記のように時間を指定してプロンプトに書き込むと便利です。また、**タスクの増減や休憩を設定するな**どの追加の指示を出すと、指示に基づいてスケジュールを再調整してくれます。「先に○○をやりたい」「○○は一番最後で」といった指示も効果的です。

さらに、タスクだけでなく**会議や説明会などのイベント内のスケジューリングにも活用可能**です。プロンプトにプログラムやイベントの目的・名称を指示することで、**イベントに合わせたタイムテーブルを作成し**てくれます。
　また、自分のタスク管理だけでなく他人のタスクを管理・指示するときにも活用できます。**タスクを分解して、仕事をそれぞれほかの人や部署に割り振る**ことも可能です。

活用術

18 タスクの手順を分解して整理してほしい

POINT

① タスクの内容を明示する。

② 情報整理の条件を指定する。

③ タスクの分解と整理を指示する。

USER
定例会議資料の作成タスク①を細かく分解して整理して③ほしい。

ChatGPT
定例会議資料の作成タスクを以下のステップに分解して整理することができます：

1. **目的とテーマの確定**：定例会議の目的やテーマを明確にし、資料作成の目標を定めます。これにより、資料の内容と方向性を決定する基盤を築きます。
2. **アジェンダの作成**：会議の項目やトピックを洗い出し、アジェンダを作成します。アジェンダは、会議の流れを示し、資料の構成や順序を決定するのに役立ちます。
3. **資料の概要作成**：資料全体の構成や内容の概要をまとめます。これにより、各セクションの目的や役割を明確化し、一貫性のある資料を作成する手助けになります。
4. **データ収集**：会議で必要な情報やデータを収集します。これには、過去の会議の議事録、部門の進捗状況、統計データ、調査結果などが含まれます。必要な情報を適切な形式で整理し、利用可能な形式に変換します。
5. **内容の整理とストラクチャリング**：収集した情報をもとに、資料の各セクションやサブセクションを決定します。情報を論理的な順序で配置し、明確なポイントや見出しを使用して、読みやすく整理します。

以上が定例会議資料の作成タスクを分解して整理したものです。
タスクの具体的な手順は、プロジェクトや組織の要件に応じて調整することができます。

✦✉ 時間配分を考える ⋯⋯⋯⋯⋯⋯⋯⋯

前頁の手法を応用して、先ほど分解したそれぞれの
タスクに必要な時間の目安を出してもらいましょう。
⋯⋯⋯⋯⋯⋯⋯⋯⋯⋯⋯⋯⋯⋯⋯⋯⋯⋯⋯

USER
それぞれの時間配分を考えてほしい。

ChatGPT
定例会議資料の作成タスクに時間配分を行う場合、以下のような時間配分が考えられます。

1. **目的とテーマの確定：15分**
   定例会議の目的やテーマを明確にするための時間を確保します。

2. **アジェンダの作成：30分**
   会議の項目やトピックを洗い出し、アジェンダを作成するための時間を確保します。

3. **資料の概要作成：15分**
   資料全体の構成や内容の概要をまとめるための時間を確保します。

4. **データ収集：1時間**
   必要な情報やデータを収集するための時間を確保します。適切な形式で情報を整理し、利用可能な形式に変換します。

5. **内容の整理とストラクチャリング：1時間**
   収集した情報をもとに、資料の各セクションやサブセクションを決定し、情報を論理的な順序で配置するための時間を確保します。

多くの人が、どこから手を付けたら良いかわからない複雑なタスクにうろたえた経験があるでしょう。例で使用した会議資料のほかにも企画書の作成やプレゼン準備、営業提案など、複雑なタスクは多く存在します。

そんなとき、**プロンプトで分解・整理したいタスクについて指示すると、ChatGPTが作業を整理してくれます。**「とにかく手をつけなくては……」と雑然とした順序で取り組んでいた作業が整理され、効率化されます。

+α タスクを分解して作業量を可視化する

タスクを具体的な作業ごとに分解することで、タスク内の作業の優先順位の決定や、全体の進行状況の把握、タスクが終了する目安を把握することが容易になります。特に、作業が多い複雑なタスクに対して効果的な手法です。

追加のプロンプトで、「**タスクを終えるために必要になる情報をまとめて**」という指示をすることで、作業中に必要な調べものや情報の整理といった小さなタスクを洗い出しておくといった使い方もできます。また、「**工程ごとに時間配分を考えて**」と指示することで、タスクの**時間配分**を考えてもらうこともでき

ます。空き時間に取り組める作業や時間をかけて取り組む必要がある作業を可視化でき、メリハリをつけて作業に取り組むことができます。締切の日時やその日までにタスクにかけることのできる時間を伝えることでそれに基づいた**スケジューリング**や**優先順位の提案**をしてもらうことも可能です。

今回の例のように、プロンプトに指定する内容を具体的にすることでさまざまなパターンでタスクを細分化・スケジューリングを行ってくれます。プロンプトに入力する内容は自分が抱えているタスクに合わせて柔軟に調節してみてください。

ChatGPT で最新情報を手に入れる

「ブラウジング機能」でウェブ検索をする

ChatGPTが学習済みの情報は2021年9月までの情報と解説をしてきましたが（2023年9月現在）、最新の情報にアクセスする方法もあります。

まず、有料版で使用できる「ブラウジング機能（Browse with Bing）」（P.21）があります。この機能をオンにすると、ChatGPTがウェブ検索をし、最新の情報を踏まえた回答をしてくれるようになります。また、実際にChatGPTがどのウェブページを閲覧したかを確認することもできます。

プラグイン「Now」でトレンドを調べる

プラグイン「Now」を利用することでも、手軽に最新情報を調べることができます。

Nowは、「Google」や「Twitter（現X）」で情報収集できるプラグインで、世界中の最新ニュースやトレンドの情報をChatGPTのみで収集できます。

Googleトレンドを調べたい場合、コードを使用して詳細な調査を行うこともできますが、日本語で簡単にたずねることもできます。「日本で話題になっている映画を教えて」「アメリカのエンタメのトレンドを教えて」などのプロンプトを入力すると、最新の話題のニュースを拾ってくれます。どの国のトレンドを調べたいのかをプロンプトに入れるとよいでしょう。

Twitterのトレンドを調べる

Twitterで情報を集めたい場合、「Twitterで話題になっているスポーツの話題を教えて」などと入力すればOKです（ChatGPTは「Twitter」→「X」への名称変更を学習していないため、プロンプトではTwitterと入力するとよいでしょう）。

なお、現在はプライバシーの問題などによりツイートそのものを直接検索することはできません。

Chapter
2

対話や表現の精度を上げる
ための活用術

活用術
19 営業提案の骨子を作成してほしい

P
POINT

① 提案の内容を明示する。
② 用途を指定する。
③ 骨子の体裁を指定する。

USER
顧客が抱えている問題を自社の商品で解決できる ① という内容で営業の提案書の構成 ② ③ を作成してほしい。

ChatGPT
以下は、顧客の問題を解決するための営業提案書の一般的な構成です。この構成は、問題の洗い出し、解決策の提案、価値提案、具体的な実施計画などを含んでいます。提案書の目的と顧客のニーズに合わせて適宜変更してください。

1. 提案書の目的や背景を説明する
2. 顧客への挨拶や感謝の気持ちを表す
3. 顧客が抱えている問題や課題を具体的に列挙する
4. 課題の解決策とロードマップを提案する
5. 顧客の問題を解決するための提案の概要を示す
6. 提案の要点やメリットを明確に伝える
7. 付録（任意）：追加の情報、参考資料、他の顧客の事例、商品のデモ

以上が、営業提案書の一般的な構成です。顧客のニーズや提案の目的に応じて、各セクションの内容や順序を適宜調整してください。

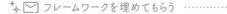

USER
就活エージェントサービスの営業について、6W2Hを埋めてください。

ChatGPT

1. 誰（Who）：営業担当者や就活エージェントサービスのチーム、経営者やマネージャー

2. 何（What）：就活エージェントサービスの提供や就職支援、求人情報提供、面接の設定など

3. いつ（When）：平日の営業時間内（例：月曜日から金曜日の9:00〜18:00）

4. どこ（Where）：オフィス内やクライアント企業のオフィスやオンラインでの会議

5. なぜ（Why）：就職活動を支援し、クライアント企業と就職希望者をマッチングさせることで、双方にとって最適な結果を生み出すため

6. どのように（How）：就職希望者と面談し、一般の希望者やスキルを把握し、適切な求人情報を提供する

7. 誰（Whom）：就職を希望する求職者やクライアント企業の採用担当者や経営者

8. いくら（How much）：サービスの価格はプランや提供するコンテンツによって異なります

提 案書のわかりやすさは契約の成否に直結するため、なるべく簡潔に分かりやすく必要事項をまとめることが重要です。

上記のように営業提案書の構成をChatGPTに作成してもらうことで、**提案書を作成する際に押さえるべきポイントを意識して書くことが**できます。また、営業の提案は自社の商品やサービスをアピールしたいばかりに、押しつけがましいものになりがちです。そうならないために、客観的に必要な項目を挙げてもらうのは有用です。

＋α フレームワークを用いてポイントを整理する

プロンプトで、営業する商品やサービスと使用したい**フレームワーク**を指定すると、商品やサービスに合わせてフレームワークを埋めてもらうことができます。

また、項目が出力されたら自社商品やサービスなどの具体的な部分は自分で埋めることで、**自社の具**体的なメリットや顧客ニーズ、競合についての情報など、新たな発見があるという利点もあります。

構成案を生成したあと、フレームワークを用いて商品・サービスについての理解を深めることで、わかりやすく効果的な営業を行うことができるでしょう。

活用術
20 プレゼン内容の過不足を確認してほしい

P
POINT

① プレゼンの最終目的を明示する。

② 過不足がないか確認してと指示する。

③ 構成案を入力する。

USER

サービスの内容を理解してもらい契約につなげるプレゼン①にするために、構成に過不足がないか確認してほしい。②

- ・導入（課題、課題の原因）
③ ・提案（課題解決にサービスがどう役立つか）
- ・行動喚起

AI ChatGPT

プレゼン内容の構成は基本的に妥当ですが、より具体的な情報や具体例を加えることで、サービスの内容をより明確に伝えることができます。

1. 導入（課題、課題の原因）
   課題の具体的な事例や状況を挙げて、取引先が直面している課題を具体的に説明します。課題がどのような影響を及ぼすのか、その結果として発生する問題や損失を明示します。

2. 提案（課題解決にサービスがどう役立つか）
   サービスの具体的な機能や特徴を説明します。利点や利益に焦点を当てましょう。サービスがどのようにして課題解決に役立つのかを具体的な事例やデータを用いて示します。実績や成功事例があれば挙げて説明しましょう。サービスがどのような付加価値を提供するのかを明確に伝え、他の競合サービスとの差別化ポイントを強調します。

3. 行動喚起、まとめ
   サービス導入のメリットやROI（投資収益率）について具体的な数値やデータを示します。導入手続きや契約についての明確なステップやプロセスを説明し、次の行動を促します。

✦ ✉ 契約に結び付く方法を聞く ....

「契約」という目標達成をより確実にするための具体的な行動喚起の方法を聞いてみましょう。効果的な方法があるか問うと詳細な回答を得られます。

USER
行動喚起の効果的な
方法はありますか。

ChatGPT
行動喚起を効果的に行うためには、以下の方法を検討してみることが重要です。

1. 具体的な行動目標の提示：取引先に対して、具体的な行動目標を提示しましょう。たとえば、サービス導入のための契約締結、デモンストレーションのスケジュール調整、または無料トライアルの申し込みなどです。明確な目標があることで、取引先は次のステップを具体的に把握できます。
2. 価値と利益の強調：行動喚起の際に、サービスの導入による具体的な価値と利益を強調しましょう。例えば、コスト削減、生産性向上、顧客満足度向上などの具体的な利点を示すことで、取引先が行動を起こす意欲が高まります。
3. 期限の設定：取引先に対して、行動を起こす期限を設定することで、緊急感を醸成しましょう。例えば、「特別キャンペーンは1カ月後まで有効です」といった具体的な期限を提示することで、取引先に行動を促すことができます。

プレゼンの目的は**相手の行動を促すことで
す**。「商品やサービス内容の十分な理解を得ることで購入や契約につなげる」、「企画内容を上手に伝えて企画を通過させる」ためには、

プレゼンの内容を過不足なく揃えなくてはなりません。プレゼンの最終目的や提供するサービスをプロンプトに入力することで、出力されるプレゼンの構成案に説得力が増します。

+α 適した行動喚起で目標達成を目指す

具体的な**行動喚起**の方法を聞くことで、**より目標達成に近いプレゼン**を作成することができます。上記の例では、目標ごとに行うと良い行動喚起をいくつかピックアップしてくれています。具体例を教えてくれている項目もあり、良いアイデアはそのまま自分のプレゼンや営業に生かすことができます。ほかにも、聞き手を惹きつける導入の方法や、サービス・商品が効果的に感じられる課題提示の方法などを参考にすることで、プレゼン内容に信憑性を持たせることができます。

さらに、プレゼン内容をまとめる際のスライドの

構成や、それぞれの項目の割合の目安を教えてもらうこともできます。「**スライドを〇枚にまとめて**」などと指示することで、**指示した枚数でのスライドの構成を出力してもらうことも可能**です。他にも、台本をプロンプトに入力したうえで、「**この構成でスライドを作成するときのスライドごとの構成を考えて**」と指示し、実際の台本に沿ったプレゼン構成を練ることができます。

上記の活用法を用いると、商品・サービスについて、紹介する内容の見落としなく明確にメリットを伝えることができるでしょう。

顧客にアピールすべきことを挙げてほしい

POINT

① 提案内容の詳細を明示する。

② 提案する対象を指定する。

③ アピールする点や押さえておくべき点を教えてほしいと指示する。

USER
築30年で山手線の駅から徒歩10分、7畳で月9万円の1DKの物件を^①顧客に提案する際、^②アピールする点や押さえておくべき点^③を教えてほしい。

ChatGPT
アピールすべき点：

1. 便利な立地：物件が山手線の駅から徒歩10分の距離に位置していることを強調します。交通アクセスが良く、都心へのアクセスもスムーズです。

2. 長い実績：物件が30年という長きにわたって借り手が絶えなかったことをアピールしましょう。長期的に安定した住環境を提供できると伝えます。

押さえておくべき点：

1. 築年数による修繕や設備の確認：築30年の物件ですので、建物の状態や設備の経年劣化について確認し、必要な修繕やメンテナンスが行われていることを伝えます。

2. 周辺環境の紹介：物件周辺にはどのような施設や利便性があるのか、生活に便利な環境や魅力的なポイントを伝えます。例えば、近くに公園やスーパーマーケット、レストランなどがあることを紹介します。

これらのポイントを組み合わせることで、顧客に対して魅力的な1DK物件の提案ができます。ただし、顧客のニーズや優先順位に応じて調整し、他の物件との比較も行いながら提案を進めることが重要です。

USER
上記をもとに提案の際の
骨子を考えて。

✧☑ 提案の骨子を抽出する ·················

メリットやポイントが挙げられたら、プレゼンが冗
長にならないよう、提案の骨子を抽出してもらいま
しょう。

AI ChatGPT

1. 導入
   ・開始部分で、顧客の関心を引く引用や興味深い統計データを使用します。たとえば、都
   心での住宅価格上昇や需要の高まりなどのトレンドを紹介します。
   ・駅から徒歩10分という便利な立地に焦点を当て、アピールの導入として使用します。
2. 課題の提示
   ・都心の住宅価格が高騰していることや、駅近物件の需要が高まっていることなど、市場
   の課題や状況を説明します。
3. 提案
   ・物件の特徴や利点を詳細に説明します。具体的な部屋の配置や設備、バルコニーや収納
   スペースの有無などを挙げ、顧客のニーズに合致していることを強調します。

これらの骨子を基に、顧客に対して魅力的な提案を行うプレゼンを作成することができます。
重要なのは、顧客のニーズや関心事に対して焦点を当て、提案内容を具体的でわかりやすく
伝えることです。

顧 客に商品・サービスを提案する際に、提
示するメリットや考慮しておきたいポイ
ントの把握に役立つプロンプトです。
　このプロンプトを活用するには、**商品・サー
ビスの客観的で詳細な情報を入力することが**大

切です。ポイントを活用した提案の方法も挙げ
てくれます。さらに、**顧客の情報やニーズを入
力すると、顧客に合った内容を出力することが**
できます。

　提案を行う際には、**商品やサービスのメリットと
ポイントを強調することが重要です。** コンパクトに
まとめて伝えることで、顧客に的確な情報を伝えら
れます。簡単な提案にしたい場合は「**コンパクトに、
メリットやポイントが伝わるように**」と指示すると、
簡易的に顧客に提案する際の役に立ちます。
　さらに、競合他社との比較を行う場合は、自社の
商品やサービスが他社とどのように異なるのかを強
調することがポイントです。**価格、品質、機能、サ
ポートなどの要素に焦点を当て、他社との差別化ポ**

イントを明確に示しましょう。
　また、顧客のニーズや要望を理解し、それに対す
る商品やサービスの提案を行うことも大切です。顧
客にとって本当に必要な価値を提供することで、顧
客満足度を高めることができます。
　まとめると、効果的な提案を行うには、商品やサー
ビスのメリットやポイントをコンパクトに伝える
こと、競合他社との差別化ポイントを明確に示すこ
と、顧客のニーズに合った提案を行うことを意識し
ましょう。

Chapter

0
1
2
3
4
5
6

活用術

22

製造部品の比較表を
作成してほしい

P
POINT

① 比較表の作成を指示する。

② 貢献度の評価項目の追加を指示する。

③ 部品のデータや数値を入力する。

USER

次の各部品の比較表を作成し、①会社への貢献度の高さを評価したうえで、
その評価を項目に追加②してほしい。

- 製品名：A部品　価格：350円　サイズ：26　年間生産個数：1000
　　売上高：100万円
- 製品名：G部品　価格：550円　サイズ：42　年間生産個数：300
　　売上高：300万円
③
- 製品名：Y製品　価格：800円　サイズ：97　年間生産個数：2500
　　売上高：250万円
- 製品名：F製品　価格：1200円　サイズ：71　年間生産個数：800
　　売上高：40万円

ChatGPT

「会社への貢献度が高い」という点を基準に、各部品の比較表を作成します。以下は各部品
の情報と比較結果です。

製品名	価格(円)	サイズ	年間生産個数	売上高(万円)	貢献度の評価
A部品	350	26	1,000	100	★★★
G部品	550	42	300	300	★★★★
Y製品	800	97	2,500	250	★★★★
F製品	1,200	71	800	40	★★

色や形といった基本情報だけでなく、各部品のコストの増加に伴う影響などを聞いてみましょう。数値など具体的な情報を入れることで、より具体的な評価を聞くことができます。

USER
サイズが1増えるとコストは102円増。
それをふまえて貢献度を比較して。

AI ChatGPT
部品のサイズが1増えるごとに生産コストが102円増加するという情報を考慮し、貢献度を比較する表を以下に示します。

製品名	価格（円）	サイズ	年間生産個数	売上高（万円）	生産コスト増加額（円）	総コスト（万円）	貢献度の評価
A部品	350	26	1,000	100	0	35	★★★★
G部品	550	42	300	300	1632	81.6	★★★
Y製品	800	97	2,500	250	7242	281.25	★★★
F製品	1,200	71	800	40	4590	57.6	★★★★

煩 雑に並んだ情報を整理したいとき、ChatGPTに情報をそのまま入力するだけで、比較表を作ることができます。

情報を整理・分類することで現状を正しく分析することができます。特に情報量が多いと情報の把握に時間がかかるため、**ChatGPTを活用して比較表を作れば、大幅な時間節約につながります。**

今回の例はひとつのものに対する情報量が多いですが、比較表にすることで視覚的にわかりやすく整理されました。

ただ、情報量によってはChatGPTが正しく情報を読み取れず、表の生成がうまくいかないことも。その場合、「部品ごとの情報をまとめる」→「基準ごとに並べる」といった具合で、順を追って指示を出すと良いでしょう。

+α 情報を分類・整理し解決に活かす

日常の業務の中でインプットした情報を整理し、自分自身はもちろんのこと、他の社員にも共有する形で**フォーマット化**できるというのは、ビジネスパーソンに問われる能力のひとつです。整理や分類を効率的かつ正確に行うことで、業務全体の透明化や効率化、チームでの情報共有など、さまざまな場面で役立ちます。

ChatGPTは文章から要点を抽出して表にまとめたり、与えられた情報を**テーマ別に分類**したりすることが得意です。また、**与えられた情報から共通点を発見して共通の項目ごとにまとめ直したり、与えら**れたデータを整理してグラフや表にすることもできます。

押さえておきたいのは、複雑な情報もChatGPTを使えば何らかの形に整理・分類することができるということです。また、**異なる項目や情報を組み合わせることで新たなアイデアや解決策が浮かび上がることもあります。**これらの方法を駆使して、ChatGPTを有効な情報整理ツールとして活用し、ビジネス上の意思決定や課題解決に生かしていくと良いでしょう。

活用術

23 プレゼンテーションに使う スライドの内容を考えてほしい

P
POINT

┏
① プレゼンの対象を指定する。

② スライド構成の考案を指示する。

③ プレゼン内容を入力する。
┗

USER

以下は新たな商品①のアイデアです。この商品をプレゼンするための、スライドの構成②を考えてほしい。

┏ 新商品：カットガードつき包丁
┃ 特徴：カバーが付いている。カバーは食材に接触しないように食材を包み込むように動く仕様になっている。安全かつ効率的に調理を行うことができる。初心者や子どもから、プロの料理人や料理愛好家まで幅広い層がターゲット
┗

③

ChatGPT

以下は、カットガード付き包丁をプレゼンするスライドの構成案です。

スライド1：タイトル：カットガード付き包丁 - 安全かつ効率的な調理の新時代へ
スライド2：画像：カットガード付き包丁の外観写真を表示
スライド3：特徴：刃先に取り外し可能なカバーが付いている
カバーは食材に接触しないように食材を包み込むように動く仕様になっている
スライド4：利点①：安全性向上、刃先がカバーされているため怪我を防ぐ、初心者や子供でも安心、カットガードが食材を安定させるため、怪我のリスクが低減
スライド5：利点②：正確な切り分け、カットガードが食材を安定させるため、正確かつ均一に切り分けることができる
スライド6：利点③：食材の無駄を減らす、正確・均等に切り分けることができるため、食材の無駄が減る

スライド7：利点④：使いやすさ、従来の包丁と同じ使用方法なので、調理方法の変更や特別なトレーニングは必要ない
スライド8：ターゲット層：初心者や子供から、プロの料理人や料理愛好家まで幅広い層がターゲット
スライド9：画像：実際にカットガード付き包丁を使っている人の写真を表示
スライド10：呼びかけ：安全かつ効率的な調理を追求する方々へ、新しいカットガード付き包丁を是非お試しください
スライド11：問い合わせ先：連絡先や商品購入の情報を表示
スライド12：終了スライド

仕事でプレゼンテーションを行うとき、スライドの構成について迷ってしまうことがあると思います。**プレゼンする内容を指定し、「スライドの構成を考えてほしい」と指示すると**スライド全体の構成を出力してくれます。また、プレゼンの所要時間を設定することで、所要時間に合わせた分量のスライドに調整し直したりもできます。

> スライド構成の
> プロンプトのバリエーション例

> スライドの数を今の半分に絞った場合の構成を考えてほしい。

> スライドを15分程度で発表できるように調整してほしい。

+α さらに詳細なスライド構成を作成する

ChatGPTに**スライドに追加するべき項目を教えて**もらうこともできます。不足している情報を聞くことで、伝えたいことをより具体的に示すことが可能です。**「スライドに追加したほうがいい項目について教えて」「足りない項目を教えて」**などと指示することで、プレゼンに足りない部分を補い、より説得力のある資料に近づけることができます。

さらに、**「これらを足したスライド構成案を作って」**と指示することで、項目を足したスライドの構成案を作り直してもらうことができます。

ChatGPTを活用し、自分のプレゼンテーションを客観視して改善を重ねることで、プレゼンの精度を高めていきましょう。

また、プロンプト上でゴールを設定することも効果的です。**「顧客がこの商品を買うように」「このサービスを取り入れるように」**といった指定を追加すると、そのゴールに合わせて適切なアプローチを提案してくれます。

活用術

24 プレゼンテーションの台本を考えてほしい

POINT

① プレゼンをする内容を指定する。

② 台本を考えてほしいと指示する。

③ プレゼン内容を指定する。

USER

以下は新たな商品のアイデア①である。この商品を客に発表するプレゼンテーション②の台本を考えてほしい。

③
商品名：安全ロック付きミキサー
特徴：ミキサーの操作中に誤ってスイッチを入れたり、ふたを開けることを防ぐためのロック機能付き　カバーセンサーによって、ふたが正しくセットされていないとミキサーが作動しない仕組み

ChatGPT

【プレゼンテーションの台本】

（プレゼンターが登壇し、スライドに「安全ロック付きミキサー」のタイトルを表示）

プレゼンター：

皆さん、本日は新たな革新的なキッチンアプライアンス「安全ロック付きミキサー」のプレゼンテーションにお集まりいただき、誠にありがとうございます。私たちのチームは、安全性と使いやすさを重視したこの画期的な商品を開発しました。どうぞ最後までお楽しみください。

（スライドに「特徴」の項目を表示します）

プレゼンター：

まずは、「安全ロック付きミキサー」の特徴をご紹介します。

（スライドに特徴を一つずつ表示しながら説明します）

（特徴1）安全ロック機能：ミキサーの操作中に誤ってスイッチを入れたり、ふたを開けることを防ぐための特設されたロック機能があります。これにより、誤作動による事故を防ぐことができるため、安心してお使いいただけます。

（特徴2）カバーセンサー：ふたが正しくセットされていないと、ミキサーが作動しないように設計されています。これにより、事故を未然に防ぐことができます。

（スライドに問い合わせ先やリリース日を表示します）
プレゼンター：
本日のプレゼンテーションが皆さんにとって有益なものであったことを願っています。
もし、ご興味がございましたら、詳細情報やお問い合わせ先はスライドに表示しておりますので、お気軽にお問い合わせください。ありがとうございました。

（プレゼンターがお辞儀し、プレゼンテーションが終了）

プレゼンテーションを準備する際、スライド作成のほかに発表の台本を考える場合があります。ChatGPTに「プレゼンの台本を考えて」と指示すると、スライドの構成案と一緒にプレゼンの台本が生成されるため、**プレゼン**の全体像をイメージすることができます。プロンプトに書いた内容が台本に反映されるので、発表したい内容を洗い出してプロンプトに書き込むようにしましょう。

> プレゼン台本作成の
> プロンプトのバリエーション例

😀 プレゼンの導入にアイスブレイクを入れたいのでトーク案を提案して。

😀 スライド5と6の間に○○についてのページを追加して。

+α プラグインでスライドを作成する

　商品やサービスを紹介するプレゼンテーションは、資料となるスライドも大事です。**PowerPoint**などを利用して資料作成を行っているビジネスパーソンも多いのではないでしょうか。しかし、正しい情報を入れ、かつ見映えの良いスライドを作ろうと思うと、かなりの時間がかかってしまうことも事実です。そんなときは、プラグイン「Smart Slides」を利用してみましょう。

　Smart Slidesはテキストからスライドを作成してくれるプラグインです。**プロンプトにスライドの内**容や構成などを入力すると、スライドに仕上げてくれます。ChatGPTが出力してくれたスライドの構成を利用すれば、短時間でスライドを作成できるでしょう。このとき、ChatGPTに与える情報が詳細なほど精度が上がる可能性が高いです。

　ただし、そのまま活用できるほどのクオリティではないのが正直なところ。そのため、**生成されたスライドをたたき台とし、修正や加筆を加えていくと良いでしょう。**ゼロから作るよりも遥かに作業効率が上がるはずです。

活用術 25

スライドのデザイン案を
考えてほしい

POINT

① スライドの内容を明示する。

② スライドのデザイン案を出してと指示する。

USER

自社のサービスを提案するスライドを作成したい。スライド内のデザインについて案を出してほしい。

①
②

ChatGPT

以下はサービス提案用のスライドのデザイン案です：

1. カラースキーム：
   カラーパレットは、ブランドのイメージやロゴに基づいた色を使用することをお勧めします。強調したい要素には鮮やかな色を使い、色数は押さえましょう。また、背景やテキストには落ち着いた色を選ぶとバランスが取れます。

2. レイアウト：
   スライドのレイアウトはシンプルにし、クリーンなデザインにすることで、情報の伝達がしやすくなります。各スライドには1つの主要なメッセージを絞り込み、視覚的にわかりやすく配置しましょう。

3. フォント：
   読みやすいフォントを選び、タイトルと本文に異なるフォントを使用することで、視覚的な区別をつけます。フォントサイズは十分に大きくして、スライドを見やすくしましょう。

4. アイコンやイラスト：

　　アイコンやイラストを用いることで、情報を視覚的に補完し、理解を助けます。ブランドのアイデンティティに合ったデザインを選ぶと一貫性があります。

5. グラフやチャート：

　　数値データを示す場合は、わかりやすいグラフやチャートを用いて視覚化すると効果的です。データが伝わりやすくなります。

これらのデザインアイデアを組み合わせて、オリジナルで魅力的なサービス提案用のスライドを作成しましょう。提案するサービスの特徴やターゲットオーディエンスに合わせて、適切にカスタマイズしてください。

C hatGPTはプレゼンテーションで使用するスライドの効果的なデザイン決めにも活用できます。プロンプトで、スライド作成や発表の目的を指定して、「デザイン案を出してほしい」と指示すると、**レイアウトやフォント、ア**イコンごとに詳細な案を出力してくれます。

　レイアウトや色使いはもちろん、スライド内容のアイデアも一緒に教えてくれるため、効果的なスライドを作る助けとなります。

+α　簡単な指示でスライドを作成できる

　プラグイン「Slide Maker」を利用すると、テキストから簡単なスライドを素早く作成してくれます。

　プロンプトは「ChatGPTについてのスライドを作成して」などとテーマを指定するだけでもOKです。回答にてSlide Makerのリンクが出力されるため、そのリンク先でスライドを閲覧することができます。また、そのスライドを編集したり、PowerPointやGoogleスライドなどに変換することも可能です。

　実際に上記のプロンプトを入力してみたところ、簡単なテンプレートを用いた7枚のスライドを作成してくれました。下記はChatGPTの概要を説明しているスライドです。

　プロンプトでスライドの枚数や構成などを指定すれば、条件に沿ったスライドを作成してくれます。プレゼン資料などのたたき台として利用すると、作業効率が向上するでしょう。

　ただし、テンプレートは毎回同じものを使用しているようなので、注意が必要です。

Slide Makerで作成したスライドの例。

活用術

26 プレスリリースに 書くべきことを教えてほしい

POINT

① サービス・商品のジャンルを明示する。

② プレスリリースに書くべきことを リストアップして教えてほしいと指示する。

USER
実用的な携帯アプリを公開する。**プレスリリースに書くべきことをリストアップしてほしい。**

ChatGPT
以下に、プレスリリースに書くべき重要な要素をリストアップします。

1. タイトル：アプリの公開を明確かつ魅力的に伝えるタイトルを作成します。
2. 会社情報：会社名、所在地、設立年など、会社に関する基本情報を提供します。
3. アプリの概要：アプリの機能、目的、特徴、利点などを簡潔に説明します。
4. ターゲットユーザー：アプリがどのようなユーザーに向けて開発されたのか、そのユーザー層について具体的に記述します。
5. 問題解決：アプリが解決する問題やユーザーにもたらすメリットについて説明します。
6. 主な機能：アプリの主な機能や機能のハイライトを列挙します。ユーザーエクスペリエンス：アプリの使いやすさ、直感的なインターフェース、カスタマイズ性など、ユーザーエクスペリエンスに関する情報を提供します。
7. 結論：プレスリリースを締めくくる文章で、アプリの価値や独自性を再強調します。

以上が一般的なプレスリリースに含めるべき要素のリストです。これらの要素を適切に組み合わせて、アプリの魅力を伝えるプレスリリースを作成することが重要です。

USER

必要項目のみを抽出してリストアップ
してほしい。

ChatGPT

以下に、より簡潔なリストを示します。

1. タイトル
2. 会社情報
3. アプリの概要
4. ターゲットユーザー
5. 問題解決 / メリット
6. 主な機能
7. プラットフォーム
8. ダウンロードと利用方法
9. 価格

これらの要素を取り入れることで、コンパクトで効果的なプレスリリースを作成できます。必
要に応じて、他の要素を追加することもできます。

✦☁ 必要項目のみを抽出する ⋯⋯⋯⋯⋯

ChatGPTが出力した文章が長く、情報量が多すぎ
る場合には、顧客に対して商品・サービスのポイン
トがスムーズに伝わるよう、「必要項目のみを抽出し
てほしい」と指示してみましょう。

公 開する商品やサービスの情報をわかりや
すく公開するプレスリリースでは、ター
ゲットに伝わるように伝えたい情報を簡潔かつ
漏れなくまとめなければなりません。情報のピ
ックアップ方法や、効果的なまとめ方について

も、ChatGPTを活用しましょう。**項目ごとに記
載する内容をまとめて出力してくれるので、プ
レスリリースの構成を考える際のヒントを得る
ことができます。**

+α　プレスリリースの精度をさらに上げるコツ

プレスリリースの内容をコンパクトにしたい場合
は最初に出力されたリストを踏まえて、**「簡略化して
ほしい」** と指示すると良いでしょう。
商品・サービスの具体的な内容を書いていない場
合や内容が不正確である可能性もあるので、商品・
サービスをよく理解している人が**適宜確認・修正を
行いながらプレスリリースを作成しましょう。**
プレスリリースの作成においては、メッセージの

一貫性を保つことも重要です。また、**ターゲットで
ある顧客を意識し、適切な言葉遣いやトーンを選ぶ
ことも大切です。**読者が共感しやすい内容を盛り込
むことで、PR効果を高めることが可能です。
また、プレスリリースの構成をフォーマットにし
たい場合は、**「リストと内容を表にして」** とプロンプ
トに入力すれば、リストを表にして出力することも
できます。

商品やサービス情報をもとに
プレスリリースを作成してほしい

P O I N T

① プレスリリースの対象を指定する。

② プレスリリースを作成してほしいと指示する。

③ リリース内容を入力する。

USER

以下のサービスについて、**プレスリリース**を**作成して**ほしい。
　　　　　　　　　　①　　　　　　　　　　　　　　　　②

③ 顧客は旅行の予約ができ、観光施設・宿泊施設はそのまま予約管理が行えるWEB
サービスを公開しました。施設情報をみてその場で予約することができ、観光施
設・宿泊施設側は当WEBサイトからの予約、他サイトからの予約を一括で管理す
ることができます。施設数は今後増加する予定です。

ChatGPT

以下は、上記のサービスを公開するためのプレスリリースの例です。

旅行予約から予約管理まで一元化できる新たなWEBサービスの公開
[企業名]は、旅行予約と施設管理をシームレスに結びつける革新的なWEBサービスを公開し
ました。この新サービスにより、顧客は簡単かつ迅速に旅行の予約を行い、観光施設・宿泊
施設側は一元的に予約管理を行うことができます。
従来の旅行予約プロセスでは、複数のサイトやプラットフォームを利用しなければならず、予
約情報や管理に手間がかかっていました。しかし、[企業名]の新サービスを利用することで、
これらの課題が一気に解決します。

このサービスでは、ユーザーは当社のウェブサイトを通じて、幅広い観光施設や宿泊施設の
情報を閲覧し、即座に予約することができます。ユーザーフレンドリーなインターフェース
と直感的な操作性により、ユーザーは目的地や日程に基づいて最適な施設を簡単に見つける

ことができます。

[企業名]のサービスは、現在提携する施設数を今後も拡大していく予定です。多様な観光施設や宿泊施設が参加し、顧客にさまざまな選択肢を提供することを目指しています。

今後も[企業名]は、より便利で効率的な旅行予約と施設管理のサービスを追求し、お客様に価値と利便性を提供し続けます。

本件に関するお問い合わせ先：
[企業名]
担当者名
電話番号
Eメールアドレス

新たなサービスの公開や、新商品の新発表に合わせてプレスリリースを書く場合にも、ChatGPTを活用することができます。プレスリリースの内容は具体的かつ分かりやすい表現であることが大切です。プロンプトに、新た

なサービスや商品の具体的な内容を入力し、「プレスリリースを書いて」と指示することで、リリースの草案を出力することができます。情報の誤りや不足はないか、よく確認し、細部は補うようにしましょう。

> プレスリリース作成の
> プロンプトのバリエーション例

 リリースをSNSで告知する際の投稿文を考えてほしい。

 ターゲットが○○だとわかりやすいようなタイトル案を挙げてほしい。

+α プレスリリースの各セクションを編集できる

追加のプロンプトで本文からタイトルを検討してもらう、1枚のPDFに収まるように本文を簡略化してもらう、などが可能です。

また、プレスリリースをSNSで告知する際の文言を考えてもらうのも良いでしょう。「SNSでこのプレスリリースを広めるときの文章を考えて」と指示すれば生成されます。

ほかにも、プレスリリースに使用する画像・写真の案をまとめることもできます。

タイトル、画像や写真を含め、リード文や本文など、プレスリリースの細部について追加のプロンプ

トで仕上げて自身での確認・修正を重ねることで、ターゲットにとってより効果的で伝わりやすいプレスリリースを作成することができます。文章があまりにも長すぎるときは、「もう少し簡易的に本文をまとめて」と追加のプロンプトに指示するのも良いでしょう。

ターゲットを指定してより注目されやすいタイトル案を作成するのも効果的でしょう。「ターゲットが○○だとわかりやすいタイトルを挙げて」などとプロンプトに入力してみてください。

活用術

28 文章に炎上リスクがないか確認してほしい

POINT

① 文章の内容を明示する。

② 炎上リスクのある表現がないか確認してほしいと指示する。

③ もとの文章を入力する。

USER
<u>以下の文は新たなアプリのプレスリリースで使う文章です。</u>①　<u>差別的・侮辱的で不適切な表現が含まれていないか確認してほしい。</u>②

> 20XX年X月X日、弊社はビジネスマン向けの読書アプリ「TraditionReads」をローンチしました。このアプリでは、ビジネスの成功に必要なビジネス書や古典的な著作を中心に提供しています。伝統的なビジネスの価値観や理論に基づいてプロフェッショナリズムを高めることができるアプリです。また、要約した内容を提供することで、忙しいビジネスマンでも短時間で内容を把握できます。書籍をダウンロードしてオフラインでアクセスすることも可能。さらにアプリ内のフォーラムを通じて、ほかのビジネスマンと交流し、ビジネス書のレビューやビジネスに関する知識などを共有できます。

③

ChatGPT
この文章が炎上するかどうかは文脈や読者層に依存します。一般的に、この文章はビジネスプロフェッショナル向けの読書アプリのプレスリリースであり、特に攻撃的な要素や炎上の兆候は含まれていないように見受けられます。ただし、感じ方は個人によって異なりますので、文脈や読者層に適切な内容であることを確認することが重要です。

炎上を避けるためには、より包括的で多様性を尊重する言葉で表現することや、感受性を持つ可能性のあるトピックに関して慎重にアプローチすることが役立つ場合があります。

USER
ポリティカルコレクトネスにより配慮した文章にリライトし、改善点も教えて。

ChatGPT
20XX年X月X日、当社は「TraditionReads」というビジネスパーソン向けの読書アプリをローンチしました。このアプリは、ビジネスの成功に寄与する書籍や古典文学を提供しています。異なる視点やビジネスアプローチに焦点を当て、プロフェッショナリズムを高めることができるアプリです。また、要約されたコンテンツも提供され、忙しいビジネスパーソンが短時間で情報を把握できます。書籍はオフラインでダウンロードしてアクセス可能です。さらに、アプリ内のフォーラムを通じて、他のビジネスパーソンと交流し、ビジネス書のレビューやビジネスに関する知識を共有できます。

ポリティカルコレクトネスに配慮して改善した点は次の通りです：

1. 「ビジネスマン」はジェンダーに関連する言葉であり、性別に中立的でないため、「ビジネスパーソン」を使用しています。

2. 「伝統的なビジネスの価値観や理論」は特定の視点を強調しているため、「異なる視点やビジネスアプローチ」に置き換え、多様性を尊重しています。

多様性に配慮した文章にする …………
ポリティカルコネクトネスに配慮した表現は、外部配信する文章において特に重要です。多様性にも配慮した表現方法に書き換えてもらいましょう。

近年、ジェンダーをはじめとし、個人の立場に対する世の中の考え方が変化してきています。一見問題がないように思える文章でも偏見・差別的なメッセージに読み取れると多くの人に認識され、炎上してしまうこともあります。開発した商品・サービスが炎上してしまうと、商品・サービスだけでなく、会社そのもののブランドにも大きなダメージを与えてしまいます。差別的・侮辱的な表現がないか、炎上リスクは少ないか適宜確認を行いましょう。

+α　ジェンダーを含む文章は特に留意する

　インターネットやSNSが普及した現代において、発信者が炎上する可能性は十分にあり、時には会社の信用を失ってしまうこともあるでしょう。そうした事態を避けるためにも、企業として発信する投稿や文章には気をつけたいところです。そこで、文章に炎上リスクがないか、またはコンプライアンス的に問題がないか、ChatGPTに確認してもらうと良いでしょう。

　特に、今回のような性別が絡むような文章は、書き手のジェンダーバイアスが含まれることも多々あ

ります。不特定多数の読み手に配慮した文章にするためには、ChatGPTを用いて客観的なチェックをし、リスクをなるべく少なくしていくべきでしょう。

　文章をプロンプトに入力し、「炎上しそうなポイントがないかを確認してほしい」と指示を出します。特に確認してほしい事項を指定せずとも、炎上しそうな表現や賛否両論に分かれやすい点を探してくれます。そうした点を中心に書き換えても良いですし、ChatGPTにポリティカルコレクトネスに配慮がなされた文章にリライトしてもらっても良いでしょう。

活用術
29 会議開催の案内メールを書いてほしい

POINT

① 文章の形式と長さを指定する。

② 報告メールの作成を指示する。

③ 会議の概要を入力する。

USER

以下の内容を<u>簡潔に箇条書きでまとめ</u>①、<u>報告メールを書いて</u>②ほしい。

③ 社内でプロジェクト会議を開催する、日時は10月15日の13：00〜15：00、場所は第二会議室、内容はプロジェクトの背景、役割分担、課題管理について。

AI　**ChatGPT**

件名：プロジェクト会議の開催のお知らせ

皆様、お疲れさまです。

以下の通り、プロジェクト会議を開催いたしますので、ご参加いただきますようお願い申し上げます。

日時：10月15日　13：00〜15：00

場所：第二会議室

議題：プロジェクトの背景について

　　　役割分担の共有

　　　目標と課題の共有

以上、よろしくお願いいたします。

USER
このメールを社外向けにしてほしい。

取引先やお客様など、社外に送るメールではより丁寧さが求められます。リテイクのプロンプトで社外向けという旨を指示してみましょう。箇条書きの情報をコンパクトにまとめ、体裁を整えてくれます。

ChatGPT
件名：プロジェクト会議のご案内
お世話になっております。株式会社[会社名]の[名前]でございます。
この度、当社では下記の通り、
プロジェクト会議を開催いたしますことをご案内申し上げます。

日時：10月15日　13：00〜15：00
場所：第二会議室
本会議では、以下の内容について詳しく話し合い、共有を行います。
1. プロジェクトの背景についての説明
2. 役割分担についての確認と共有
3. 目標と課題についての議論と共有

何かご不明点やご質問がございましたら、お気軽にお問い合わせください。
お手数をおかけしますが、よろしくお願いいたします。

情報の共有を正確に行うために、**決定事項や日時などの報告事項は極力箇条書きにして簡潔に指示を行うと良いでしょう。**

その際、「簡潔に」や「短く」などの指示を加えることで、報告内容のみを迅速に伝えるメール文を出力することができます。

ほかにも、「上司向け」や「社内全体向け」など、報告の範囲や対象を指定することで、**同じ報告内容でもメール内の言い回しが調整されます。**

+α メールの文章を校正してくれる

会議開催の案内メールなど、複数人にメールを一斉送信する場面もあるのではないでしょうか。万が一、誤った情報を送信してしまった場合、再度メールを送り直さなければならず、時間をロスしてしまいます。さらにメールを送った相手が訂正メールの確認を漏らしてしまった場合は、誤った情報のまま認識してしまうことにもつながります。**混乱を招かないようにするためにも、メールを送る際はしっかりとした確認が必要です。**

しかし、どうしても確認が漏れてしまうこともあるでしょう。そのとき、メールの下書きを書いたらChatGPTにチェックしてもらうと安心です。**文法やスペルのチェックはもちろん、項目の抜けや漏れがないか、具体的な改善点をフィードバックしてくれます。**

特にメールが長文のときや複数の連絡事項があるメールを送る前には、ChatGPTに一度チェックしてもらうと、業務の精度が上がるでしょう。

活用術
30 会議のレジュメを作成してほしい

POINT

① レジュメの用途を明示する。

② レジュメの作成を指示する。

③ レジュメの内容を入力する。

USER

会議で使う<u>レジュメ</u>①を<u>作成して</u>②ほしい。レジュメの内容は以下。

> 定例会議
>
> 開催日時：7月7日
>
> 内容：
>
> ③・会議の目的の確認と共有および月ごとの事業報告と課題の洗い出し
>
> ・各部署の現状報告や問題共有および問題の改善へ向けて
>
> ・タスクの割り当てとスケジュール調整および進捗管理や納期確認など
>
> ・その他の共有事項と質疑応答

AI **ChatGPT**

定例会議レジュメ

[会社名・部署名][会議名：定例会議][開催日時：7月7日]

[概要]本定例会議は、部署間の連携強化と課題解決を目的に開催されます。各部署の進捗状況や課題を共有し、改善策を検討することで、組織全体の業務効率向上を図ります。

[アジェンダ]

会議の目的の確認と共有：

定例会議の目的と意義を再確認し、全参加者が共通理解を持つことを目指します。

その他の共有事項と質疑応答：

その他、部署間で共有すべき重要な事項や参加者からの質問に対して回答します。

フォーマットを作成することで、レジュメ作成の時間を短縮できます。追加のプロンプトで、生成してもらったものをベースにフォーマットを作成しましょう。

USER
このレジュメを参考に定例会議レジュメのフォーマットを作成してほしい。

ChatGPT
[会社名・部署名][会議名：定例会議][開催日時：開催日時を入力]
[概要]
定例会議は、部署間の連携を強化し、業務の進捗と課題の共有・解決を図るために定期的に開催されます。各部署の意見交換を活性化し、組織全体の業務効率向上を目指します。
[アジェンダ]
会議の目的の確認と共有
定例会議の目的と開催意義を共有し、参加者全員が理解します。
[注意事項]
参加者は事前に報告書や資料を確認し、会議に備えてください。開始時刻と終了時刻を厳守し、効率的な会議を心がけましょう。
[会議場所][会議場所の詳細]
[参加者][参加者の氏名・役職・部署][その他特記事項や連絡事項]

予定している会議のレジュメを作成すると、限られた時間で効率よく会議を進行するのに役立ちます。

アジェンダとは「計画」のことで、会議においてアジェンダとは話し合う内容（議題）を指すことが一般的です。アジェンダをプロンプトに入力し、レジュメの作成を指示することで、内容を盛り込んだレジュメを作成してくれます。会議参加者が誤認しないように、文章を簡潔にするように指示を出すと良いでしょう。

+α フォーマット作成で会議運営の効率が上がる

参加者がしっかりと情報やアイデアを用意して会議にのぞめるようにするために、目的・議題をまとめたレジュメを事前に共有しておくことが欠かせません。

この会議のレジュメについて、社内でフォーマットを作成・共有しておくと、書く内容の抜けや漏れを防ぎつつ、作成時間を短縮できます。

さらに、このレジュメは先述した会議参加者の選定においても有効です。フォーマットによって会議の議題が具体化すれば、会議に必要な参加者は自ずと絞られ、適切な参加者に連絡することができます。つい連絡を優先して、レジュメは後送という人も多いですが、ChatGPTを用いてレジュメをスムーズに作れれば、連絡・準備・開催の一連の流れがより効率的になります。

ほかにも、レジュメに会議の時間配分を記載しておくのも、会議をより効率的にします。ChatGPTに「この流れで会議を行うので、時間配分を考えてほしい」と指示すると、それぞれの項目ごとに時間を割り当ててくれます。業務の進行を決める際の参考に活用するのも良いでしょう。

会議の成果を最大化するために、事前にできることは意外と多いものです。

活用術

31　会議の議事録を作成してほしい

POINT

① 会議の文字起こしであることを明示する。

② 議事録の形式と作成を指示する。

③ 録音の文字起こしを入力する。

USER

以下は会議の録音の文字起こしです。①

会議で挙がった要点を箇条書きにして、会議の議事録を作成してほしい。②

③ 鈴木：先月行った、自社のターゲット市場に焦点を当てた調査の結果を発表します。調査の対象は都市部にすむ18〜35歳の若年層です。

⋮

山田：若年層の興味は製品の価格、デザインや耐久性に集中していました。

ChatGPT

会議議事録：

日時：[会議の日付]

出席者：鈴木、山田

議題：自社のターゲット市場に関する調査結果の発表と今後の施策について

要点：

1.　調査対象：都市部に住む18〜35歳の若年層

⋮

8.　興味の対象：若年層の興味は価格、デザイン、耐久性に集中している。

以上が、会議で挙がった要点の箇条書きです。

USER
今後の課題を教えて。

✦ ✉ 今後の課題を挙げてもらう ⋯⋯⋯⋯

議事録から今後の課題を挙げてもらうことで、現状に対する課題を可視化し、今後の業務や次の会議につなげることができます。出力してもらった議事録に追加で指示してみましょう。

ChatGPT
今後の課題は以下のような点が挙げられます：

1. デザインの改善：若年層の興味がデザインに集中しているため、製品のデザイン評価を向上させる必要があります。トレンドに敏感なデザインや、若年層が好む要素を取り入れることが重要です。
2. 差別化戦略の構築：競合他社の製品との差別化が課題とされています。製品の特長や付加価値を強調するマーケティング戦略を立案し、競争力を高める必要があります。
3. 価格戦略の検討：若年層の興味対象の一つに価格があります。適切な価格設定を行い、若年層にとって魅力的な価格帯を提供することが求められます。

これらの課題に対して、適切な施策を検討し、チーム全体で取り組むことで、会社の成長と競争力の向上につなげていくことが期待されます。

「会議の文字起こしを入力して、議事録を作成してほしい」と指示すると、議事録を作成してくれます。ただし、読むのに時間がかかるようでは議事録として機能しませんから、要点を整理してもらいましょう。その際、「文字起こしの要点から議事録を作成して」という指示をすると文字起こしがそのまま議事録の要点部分に出力されてしまいます。「箇条書きで」などと一言入れることで、要点がまとまった議事録を作成できるでしょう。

+α 議事録で会議の内容把握をスムーズに

議事録の作成は箇条書きだけでなく、「会話全体を要約した文章を作って」とChatGPTに指示すれば、会話全体の要点を抜き出した文章が出力されます。会議での議論は往々にして、行ったり来たりします。議論の文脈を理解するために、文章によるまとめも役に立ちます。

ほかにも、箇条書きにした議事録のまとめを内容ごとに項目分けしてもらうことで、議事録の視認性を高められます。議事録に必要な情報に合わせてプロンプトを編集し、目的に合った議事録を負荷なく作成しましょう。

また、議事録を次のステップに生かす方法もいくつかあります。出力された議事録に追加のプロンプトで指示することで、会議の要点や業務上の課題を見つけられるでしょう。次回の会議に持っていくアイデアの参考にしたり、今後の業務の参考にすることができます。さらには課題と次回会議の日程を指示することで、次回の会議までのタスクを洗い出して、スケジューリングしてもらえます。

活用術

32　長い説明文を要約してほしい

POINT

① 文章の用途を提示する。

② 要約してほしいと指示する。

③ もとの文章を入力する。

USER

以下は会議で伝えたい内容です。内容を要約してください。：

弊社の商品について、フィードバックにもとづいて改良を行いたい。まず、デザインの評価が低かったため、競合を上回れるようなものに改善したい。市場調査を行い、現在トレンドのデザインを探して、案を3つ程提出してほしい。コストパフォーマンスについては顧客も満足していたため、価格は現行のまま。デザインのみを改良して半年後に再度、市場調査を行いたい。また、ターゲットの拡大も視野に入れている。そのため、調査の際には現在の調査対象から少し年代を広げた調査を行いたい。

ChatGPT

要約：

・商品の改良をフィードバックにもとづいて行いたい。

・デザインの評価が低いので、競合を超えるデザインに改善する。

・トレンドのデザインを市場調査し、3つの案を提出してほしい。

・コストパフォーマンスは良いので、価格変更はなし。

・半年後にデザイン改良後の市場調査を再度行う。

・ターゲットの年代を少し広げて市場調査を行いたい。

USER
各項目に補足や理由をつけ足してほしい。

✦ ✉ 補足をつけ足す ······················

箇条書きの各項目に補足や理由をつけ足すことで、
より詳細がわかりやすくなり、説得力が増します。
会議の台本や議事録などにも使えるでしょう。

ChatGPT

・商品の改良をフィードバックにもとづいて行いたい。
　補足：顧客からのフィードバックは商品の質を向上させるための重要な情報源であり、そ
　れを元にした改良は市場での受け入れを高める可能性がある。
・デザインの評価が低いので、競合を超えるデザインに改善する。
　補足：現在のデザインは市場の評価が低く、競争力を持つためにはデザインの差別化が必
　要である。
・トレンドのデザインを市場調査し、3つの案を提出してほしい。
　理由：現行のトレンドに合わせることで、商品の魅力を最大化し、顧客の関心を引きつけ
　ることができるため。
・コストパフォーマンスは良いので、価格変更はなし。
　補足：既に顧客からの評価が高いコストパフォーマンスを維持することで、価格面での競
　争力を保持したい。
・半年後にデザイン改良後の市場調査を再度行う。
　理由：改良後のデザインが市場でどのように受け入れられているかを把握し、必要に応じ
　てさらなる改良の方向性を決定するため。（以下略）

ビジネスの場では、できるだけ**端的に物事
を伝える必要があります**。プロンプトで
伝えたい内容を明確にし、「内容を要約して」と
指示することで、端的な文章や箇条書きで内容
を要約してくれます。

また、アプリ版のChatGPTでは、**音声入力
が利用できます**。実際にいいたいことを音声入
力し、その文章をChatGPTにまとめてもらっ
ても良いでしょう。

+α 相手に伝わる文章にする

　ビジネスに限らず、「**説明する**」という作業は「**相
手に伝える**」ことを目的にしています。説明文を見
直す際には、「いいたいことが書かれているか」では
なく、「**相手に伝わるか**」ということを軸に考えましょ
う。

　ChatGPTに要約してもらった文章を確認する際は、
その視点が欠かせません。**要約とはすなわち、情報
量を削る**ということです。そのため、大事なことが

わかりやすくなる一方で、言葉足らずがゆえに相手
が間違った解釈をしてしまう可能性もあります。

　まずは箇条書きで要点をまとめてもらい、それぞ
れに補足文や理由をつけ足してもらうことで、「**最も
伝えたいこと**」と「**それに付随する説明や理由**」に
整理できます。「第三者が読む」ことを念頭に置き、
情報を削ったり、足したりしてわかりやすい説明文
にすることを心がけましょう。

33 議事録からやるべきタスクを作成してほしい

POINT

① 議事録からやるべきタスクを
作成してほしいと指示する。

② 簡潔にまとめるよう指示する。

③ 議事録の内容を入力する。

USER

以下は会議の議事録です。

ここから<u>やるべきタスクを</u>①<u>箇条書きで作成してほしい</u>②。

> **会議議事録**
> 1. 調査対象：都市部に住む18-35歳の若年層
> 2. 製品の認知度：若年層の間で当社の製品の認知度は高く、広告キャンペーンが認知の主な理由とされる（7割の回答）。
> 3. 認知度の割合：調査対象のうち全体で8割が当社の製品を認知している。
> 4. 興味の対象：若年層の興味は価格、デザイン、耐久性に集中している。

ChatGPT

以下が会議の議事録から抜き出したタスクの箇条書きです：

・都市部に住む18-35歳の若年層に関する調査を実施
・調査結果をもとに、価格、デザイン、耐久性の要素に重点を置いた製品開発の検討
・製品価格の競争力向上策を検討し、適切な価格帯を特定
・デザインチームに対して、若年層の好みやトレンドを研究してデザイン案を提案
・耐久性を高めるための素材選定と製造プロセスの改善を検討
・マーケティング戦略の策定として、価格、デザイン、耐久性の強調ポイントを明確化
・若年層向けの宣伝キャンペーンを計画し、適切なプロモーションチャンネルを選定

挙げてもらったタスクをどのような順序で消化していくべきか、わかりやすく順を追って並べ替えてもらいましょう。順番がわかると、やるべきことがイメージしやすくなります。

USER
タスクを行うべき順番に
並べ替えてほしい。

ChatGPT
1. 新たな市場の開拓を視野に入れ、調査対象を若干広げた調査を行い潜在的なニーズを把握する。
2. トレンドのデザイン案を3つ提案し、競合他社を上回るデザインを検討する。
3. デザインチームにトレンドの把握と、現行製品のデザイン改善案の作成を依頼する。
4. デザイン改善後、半年後に再度顧客調査を実施して評価を測定する。
5. 調査対象の若年層向け製品のデザイン改善を行う。
6. デザイン改善とアップデートの進捗状況を定期的に報告するスケジュールを立てる。
7. コストパフォーマンスは顧客満足度が高いため、そのまま維持する。
8. マーケティングチームに競合他社との差別化戦略の立案を依頼する。
9. 製品アップデート後にマーケティングキャンペーンの計画を立案する。
10. 新たな市場開拓に向けて、調査結果をもとに営業戦略を検討し、展開計画を策定する。
この順番でタスクを進めることで、効果的な製品開発とマーケティング戦略の展開が可能となるでしょう。

hatGPTを活用することで、会議終了後に作成した議事録をもとに、今後のタスクを洗い出すことができます。プロンプトに議事録を入力し、「議事録からタスクを作成してほしい」と指示すると、タスクの一覧を作成してくれます。自分では気づかなかった潜在的なタスクを挙げてくれることもあり、漏れなく効率的に作業を進められます。さらに、タスクを箇条書きで出力することで、ゴールに向けての進捗の度合いをつかみやすくなるでしょう。

+α タスクのスケジューリングにも活用できる

タスクの管理は、やるべきことの管理であると同時に「時間の管理」でもあります。

箇条書きで出力したタスクを並べ替えた後は、それぞれのタスクに必要な時間を設定してもらいましょう。ChatGPTが設定する所要時間はもちろん目安であり、その時間でこなすのは現実的ではないこともあります。それでも目安が示されることで、集中して作業を進めることができます。

また、タスクの終了まで長期に及ぶ案件もあります。「このタスクを1年以内に終わらせるためにスケジューリングの案を出して」などと指示すると、その期間でタスクに取り組む際の進行表を出してくれます。

自分一人が作業する場合の進行管理は、途中の締め切りが曖昧になりがちです。ChatGPTを作業の伴走として使うのもひとつの手です。

活用術

34 SNSで告知すべき内容を 考えてほしい

P O I N T

① 告知したいコンテンツ内容を明示する。

② 告知場所を指定し、 告知内容の検討を指示する。

③ 商品の詳細情報を入力する。

USER

以下は<u>カフェで提供する新商品の情報</u>です。①
<u>SNSでの告知内容を考えてほしい。</u>②

 商品名：サマーシャインサワー、商品説明：暑い夏にぴったりのさわやかな炭酸 フルーツドリンク。オレンジ、パイナップル、マンゴーを贅沢にブレンしてお り、豊かな果実の風味と爽やかな炭酸が特徴。販売期間：6月～8月。

AI **ChatGPT**

SNSでの告知内容：

🎵🎶 新商品登場！　サマーシャインサワー 🎶🎵

暑い夏にぴったりのさわやかな炭酸フルーツドリンク、【サマーシャインサワー】がカフェに 登場！🍊🥤

オレンジ、パイナップル、マンゴーを贅沢にブレンしており、豊かな果実の風味と爽やか な炭酸が特徴です！🥤🎀

販売期間：6月～8月

この夏のカフェタイムをより特別なものにする【サマーシャインサワー】をぜひお楽しみく ださい！🥤🎵

#サマーシャインサワー #夏の新商品 #カフェ限定 #炭酸フルーツドリンク #涼しさ満点 #カ フェタイム #夏の風物詩

USER

告知として足りない部分はありますか？

✦ ✉ 告知で不足している情報を足す ·········

告知内容に足りない部分があるか、ChatGPTに聞いて確認することで、自分では思いもよらなかった気づきや思考のヒントが得られることがあります。

·····································

AI ChatGPT

告知として足りない部分は、以下のような情報が考えられます：

1. 提供開始日：新商品【サマーシャインサワー】の提供が開始される日時を明示することで、顧客により詳細な情報を提供することができます。

2. 提供場所：カフェの住所や店舗名、提供するフランチャイズの店舗情報など、顧客が商品を購入できる場所を示すと便利です。

3. 予約情報：特に予約が必要な場合や混雑が予想される場合には、予約方法や注意事項を記載すると良いでしょう。

4. その他特典：例えば、特別なオリジナルグッズのプレゼント、タイムセール、特別なセットメニューなど、特典やサービスがある場合には告知に含めると集客に寄与します。

これらの情報を追加することで、告知がより充実し、顧客の関心を高めることができます。

社のサービスや商品をSNSで告知するとき、ChatGPTを活用すれば効果的な告知文を考えることができます。「SNSでの告知内容を考えてほしい」という指示とともに、告知したい情報を明示すると、告知文を作ってくれます。SNS上でコンテンツをより魅力的に思わせる体裁上の工夫、さらには、ユーザーに目により触れやすくなるハッシュタグも設定してくれます。

+α 告知のゴールを設定してより効果的な表現を

SNS告知において情報に不足はないか、ほかに足すとより効果的な文言はないか、ChatGPTに確認してみましょう。どのような情報を足すとさらに顧客の興味を引くことができるか、**告知のインプレッション（投稿が表示された回数）を上げるにはどうすればいいのか**など、具体的に尋ねることもできます。

SNSでの告知は、一般的なメディアの広告出稿やホームページ上での告知とは閲覧者の反応において異なる点も多く、SNS運用を担当した当初は戸惑うことも多いでしょう。その点で、それぞれのSNS特有の表現、告知のインプレッションを上げる方法などを確認できるのは大きなメリットです。告知で使用する表現について、「**こういったメリットが伝わるように表現を変えたい**」などと指示を出すことで、告知文の表現を改善できます。

また、プロンプトを書く際に、「**店に来るユーザーを増やしたい**」「**商品を購入するユーザーを増やしたい**」「**新規顧客の流入を目指す**」など、告知のゴールを設定するとそれに沿った告知を作成できます。

ほかにも、告知文に添付する画像・写真やモデルのアイデアを考えてもらうといった活用もできます。

活用術
35 SNSで注目されやすい文章に書き換えてほしい

 USER
以下はSNSでの告知文です。<u>Twitter（現X）①</u>で反応されやすい文章に<u>書き換えて②</u>ほしい。：

③【新商品】暑い夏にぴったりな爽やか炭酸ドリンク「サマーシャインサワー」が夏限定メニューとして登場。オレンジ、パイナップル、マンゴーを贅沢にブレンドしており、豊かな果実の風味と爽やかな炭酸が特徴です。

POINT
① SNSの種類を指定する。
② 注目されやすい文章へ書き換えを指示する。
③ もとの文章を入力する。

 ChatGPT
了解しました。Twitter（現X）での反応を得られやすくするための書き換えを行います。

🍹🥂夏の新定番‼サマーシャインサワー🥤🍊
豊かな果実ブレンドに、キリッと爽やか炭酸がキマる!
夏限定、お見逃しなく🙌
#夏ドリンク #炭酸爽快

このように、絵文字やハッシュタグを取り入れることで、視覚的に目立たせつつ、トレンドや関連ワードでの検索にも引っかかりやすくします。

SNSにおける「いいね」やコメント、投稿のシェアといったユーザーからの反応を、**エンゲージメント**といいます。さらに、こうしたエンゲージメントが伸びることを「バズる」などといいます。SNSで告知や宣伝を行う際は、より多くの人の目に触れさせたいものですから、ChatGPTに「エンゲージメント率が伸びやすい」文章に書き換えてもらいましょう。

このとき、SNSの特性やユーザーの使用スタイルに応じて注目されやすくなる投稿には違いがあります。ChatGPTにはSNSの種類を指定し、注目を集めやすい文章を考えてもらいましょう。例えば、Twitter（現X）は文章に制限があるため、短い文章でわかりやすく。Instagramは写真が主体で長めの文章を入れられるため、写真の情報を伝えましょう。

活用術
36
SNSの投稿文に
ハッシュタグをつけてほしい

 USER
以下の内容でSNSを投稿したい。①
つけると良いハッシュタグを教えてほしい。②

③ 新しい展示会のお知らせ 🎨 『美の旅』展が本日より開催されます！　美術館に足を運んで、素晴らしい絵画や彫刻を堪能しましょう！　会期は8月4日から8月31日までです。皆さまのご来場をお待ちしています！

P O I N T
① SNSの投稿内容であることを明示する。
② ハッシュタグを教えてと指示する。
③ もとの文章を入力する。

AI ChatGPT
素晴らしい展示会のお知らせですね！
適切なハッシュタグをつけてツイートを投稿しましょう：

🎨 新しい展示会のお知らせ 🎨 『美の旅』展が本日より開催されます！　美術館に足を運んで、素晴らしい絵画や彫刻を堪能しましょう！　会期は8月4日から8月31日までです。皆さまのご来場をお待ちしています！　＃展示会＃美術館＃アート＃芸術＃美の旅＃イベント＃文化

このツイート文には展示会に関連するタグ（＃展示会、＃美術館、＃アート、＃芸術、＃美の旅）が含まれています。また、イベントや文化に興味を持つユーザーにもアプローチできるように、＃イベントや＃文化などの一般的なタグも追加しました。
展示会が大成功することを願っています！

S NSでの投稿は、＃（ハッシュマーク）をつけたキーワードである「ハッシュタグ」を投稿内に挿入することで、ユーザーに投稿を見てもらいやすくなります。どのようなハッシュタグをつけたら効果的か、ChatGPTに投稿内容を指定して「つけると良いハッシュタグを教えて」と指示すると、投稿内容に適したハッシュタグを提案してもらえます。また、「英語や韓国語など他言語のタグを教えて」と指示することで、投稿を海外に広めるためのハッシュタグを教えてもらえます。

37 求人広告に掲載する募集要項を考えてほしい

POINT

① 募集したい職種を明示する。

② 募集要項を考えてほしいと指示する。

③ 条件の詳細を入力する。

USER

居酒屋のアルバイトを以下の条件で募集したい。①

募集要項を考えてほしい。②

③
- ・時給1200円
- ・勤務時間17〜24時
- ・週3以上勤務
- ・応募資格18歳以上

AI　ChatGPT

居酒屋アルバイト募集要項

勤務先：居酒屋〇〇

募集職種：アルバイトスタッフ

時給：1200円

勤務時間：17：00〜24：00（週3日以上の勤務をお願いします）

応募資格：

18歳以上の方

フレンドリーで明るい対応ができる方

チームワークを大切にできる方

仕事内容：カウンターやテーブル席での接客、ドリンクや料理の提供（中略）

皆さまのご応募を心よりお待ちしております！

✦✉ 求人広告の文章を考えてもらう ……………

条件を示すだけでは、応募者の数は限られます。求人広告に職場の雰囲気や仕事内容など、詳細を伝える文章を記載することで、求人内容により興味を持ってもらいやすくなります。

USER
求人広告内に入れる文章を作ってほしい。

ChatGPT
アットホームな居酒屋で一緒に働きませんか？
居酒屋〇〇では、明るく温かい雰囲気を大切にし、お客様に心地良い時間を提供しています。現在、アルバイトスタッフを募集しております！

勤務条件：
　時給：1200円
　勤務時間：17：00〜24：00
　週3日以上の勤務をお願いします。
　やる気や人柄を重視し、未経験の方も大歓迎！　接客の経験を積んでスキルアップしたい方、チームワークを大切に働きたい方、ぜひご応募ください。

私たちと一緒に働くメリット：
　・アットホームな雰囲気で働ける
　・お酒や料理の知識が身につく
　・仲間との交流が楽しい
　・週末や祝日に稼げるチャンスあり

応募条件：
　18歳以上の方
　フレンドリーで明るい対応ができる方
　チームワークを大切にできる方

応募方法：
　履歴書と連絡先を添えて、メールまたは電話にてご応募ください。

社員やアルバイトを雇ううえで、求人広告の内容はとても重要です。仕事内容や条件、必要なスキル・資格や職場環境を明確に記載しつつ、会社を魅力的だと思ってもらわなければなりません。とはいえ、はじめから文章を考えていくものも時間がかかるため、ChatGPTにたたき台を作ってもらいましょう。**求人広告に記載すべき条件を問うと、項目を列挙してくれます。**それを埋めていく形で記入していくと、時間短縮にもなります。

活用術

38 　面接の質問項目を挙げてほしい

P
POINT

① 面接を行う職種を指定する。

② 個数を指定したうえで、
　質問項目の検討を指示する。

USER
SNSマーケティング担当の面接①を行いたい。
面接の質問項目②を10個挙げてほしい。

ChatGPT
面接でSNSマーケティング担当に対して以下のような質問項目を挙げることができます：

1. SNSマーケティングの定義を教えてください。
2. 過去に行ったSNSマーケティングの施策で成功した例を教えてください。また、成功の要因は何だと思いますか？
3. ターゲットオーディエンスを理解するためにどのような手法を使っていますか？
4. クライアントや顧客とのコミュニケーションにおいて気をつけている点は何ですか？
5. SNSプラットフォームの違いについて、どのようなマーケティングアプローチが適切だと考えていますか？
6. ユーザーエンゲージメントを向上させるために取り組んだことや考えていることはありますか？
7. SNSマーケティングの成果を評価する際にどのような指標を重視しますか？
8. ソーシャルメディアのトレンドを常に把握するためにどのような方法を使っていますか？
9. 予期せぬ事態に対応するためのプランニング手法を教えてください。
10. ソーシャルメディアマーケティングにおいてプライバシーや倫理に関連する問題にどのように対処しますか？

USER
どのような意図で質問を作成しましたか。

ChatGPTが出力した質問に対して、質問の意図を追加で聞くことで、どのような観点で面接の評価・選考を行うべきかの方針にしましょう。

ChatGPT
質問の意図は、候補者のSNSマーケティングに関する知識、経験、スキル、考え方を評価し、その職に適した人物かどうかを判断することです。以下のような意図が含まれています：

1. 基本的な知識と理解を評価する：
   SNSマーケティングに対する理解や定義を聞くことで、候補者がマーケティングの基本的な概念を理解しているかどうかを確認します。

2. 実績と経験を評価する：
   過去の成功したキャンペーンの例を聞くことで、候補者が実際に結果を出した経験や成果を持っているかどうかを判断します。

3. ターゲットオーディエンス理解の能力を評価する：
   ターゲットオーディエンスを理解する手法を問うことで、マーケティング戦略の根拠やターゲティングの能力を知ります。

4. コミュニケーションスキルを評価する：
   クライアントや顧客とのコミュニケーションに関する質問は、候補者のコミュニケーションスキルや顧客対応力を見極めるためです。

5. 戦略立案能力を評価する：
   SNSプラットフォームの違いに対するマーケティングアプローチを聞くことで、戦略的な思考力や柔軟性を見極めます。

⋮

会 社に合う人材を見極める採用面接。指定した職種の面接に適した質問を、ChatGPTに生成してもらうことができます。生成されたものはそのまま使っても良いですし、た

き台として自ら質問をリライトしても良いでしょう。第三者の視点を採り入れた質問を設定できるので、**質問の偏りを避け、フラットに応募者のスキルや人柄などを知る**ことができます。

+α 質問と評価基準を用意して有意義な面接に

　ChatGPTに質問項目を挙げてもらったら、追加のプロンプトで質問の意図を聞いてみましょう。質問の意図を確認すれば、**応募者に対する評価基準がより鮮明**になります。ChatGPTが生成した質問のなかで「質問の意図は何だろう」と思う項目があった場合、この追加のプロンプトは必須でしょう。

　さらに、ひとつの評価基準に対して複数の質問項

目を挙げてもらい、そのなかから抜粋しても良いです。例えば「**チームでプロジェクトを進めるときに意識していることを聞き出す質問をいくつか挙げて**」と指示すると、さまざまな視点から質問を挙げてくれます。このようにして、自分の意図に最も沿う質問をピックアップしていき、質問項目を作成していくこともひとつの手でしょう。

39 面接の応募者の回答を 評価してほしい

POINT

① 職種を指定する。

② 回答に対して評価することを指示する。

③ 質問と回答の内容を入力する。

USER
以下は<u>マーケティング部</u>①の採用面接における応募者の回答です。この<u>回答を評価してほしい</u>②。

③
> 質問：競合他社との差別化を図る方法はありますか？
> 回答：差別化を図るためにはいくつかのアプローチがあります。まず、ユーザーのニーズや要望をよく理解し、それに合った独自の機能やサービスを提供することが大切です。また、優れたカスタマーサポートを提供し、顧客満足度を高めることも差別化の1つです。さらに、技術革新やデザインの工夫によって他社とは異なるユーザーエクスペリエンスを提供することも重要です。

ChatGPT
応募者の回答に基づく評価を以下に示します。

良い点：

1. 多角的なアプローチ：応募者は差別化を図るための複数の方法を提案しています。これにより、彼/彼女が多面的に問題を考える能力があることが示されています。
2. ユーザー中心の考え方：「ユーザーのニーズや要望をよく理解する」という点で、ユーザー中心のマーケティングの重要性を認識していることがわかります。
3. カスタマーサポートの重要性：カスタマーサポートの質を上げることによる差別化の考え方は、長期的な顧客関係の構築を意識しているといえます。

4. 技術とデザインの重要性：技術革新やデザインの工夫の重要性を挙げることで、製品やサービスの質を向上させるための視点を持っていることが伺えます。

改善点や気になる点：
1. 具体的な事例の不足：一般的なアプローチを述べているものの、具体的な成功事例や経験に基づく差別化の戦略についての言及がありません。具体的な事例を挙げることで、実務経験や成功した実績をアピールできる。
2. 競合他社の分析：競合他社との差別化を図るためには、競合他社の強みや弱みの分析も重要です。この点についての言及がないので、競合分析の経験や意識についても聞きたいところです。

総じて、応募者は差別化を図るための基本的なアプローチを理解しており、考え方も適切であると感じます。ただし、具体的な経験や競合分析についての深い洞察が欲しいところです。

面接の質問と応募者の回答をプロンプトに入力すれば、**ChatGPT が回答に対する評価をしてくれます**。面接時は口調や表情など視覚的な情報も入ってくるため、その場で回答そのものを純粋に評価するのは難しいでしょう。回答はしっかりメモをとっておき、ChatGPT が生成した評価を踏まえて熟考するのもひとつの手です。

> 面接の評価の
> プロンプトのバリエーション例

 コミュニケーション能力を基準に評価してほしい。

 この発言からどのようなスキルや経験が推測できる？

＋α　評価はひとつずつ行う

　ChatGPT に応募者の回答を評価してもらう際、まとめていくつかの質問と回答をプロンプトに入力すると、評価がうまく生成されない可能性が高いです。これは評価に限らずですが、一度に複数のタスクを与えると、出力の精度が低くなる傾向にあります。例えばひとつの回答に対して、「**強みと弱み**」と「**専門知識**」の評価を行いたい場合、それぞれを問うプロンプトに分けて ChatGPT に聞きます。ひとつのプロンプトに対してひとつの質問やテーマを持たせることで、深い洞察や分析を得られる可能性が高くなる

でしょう。
　また、ひとつの質問に対して複数の応募者の回答をプロンプトに入力し、ChatGPT に比較してもらうこともできます。面接官が1人であるとは限らないため、考え方が異なる場合もあるでしょう。そんなときに、ChatGPT に第三者視点から評価してもらうことで、新たな気づきを発見できるかもしれません。回答とその評価を相互に確認することで、合否基準のすり合わせができるでしょう。

プラグインでグラフを作成

複雑なデータをグラフ化する

プラグイン「Diagrams:Show Me」は、テキストのデータや数値をグラフにしてくれるツールです。

プレゼン資料や営業資料を作成する際、データをわかりやすくまとめるためにさまざまなグラフを作成することもあるのではないでしょうか。そんなときにこのプラグインが役に立ちます。

グラフの作成は簡単で、プロンプトに直接データや数値を入力し、「この数値をもとに円グラフを作成して」などと指示するだけです。グラフの種類は、棒グラフや折れ線グラフ、円グラフ、シーケンス図などが用意されています。

作成したグラフは、SVGファイルとして保存が可能です。資料に掲載する際などには、必要に応じてJPEGやPNGなどへ変換しましょう。

上手く使いこなすためには

データや数値を入力して「グラフを作成してください」と指示を出しても、思い通りのグラフにならないことがあります。適切なグラフを作成するためには、X軸とY軸の設定をしっかりすると、上手にグラフを作成できるようになります。例えば「X軸を30にして」などと指示してみましょう。

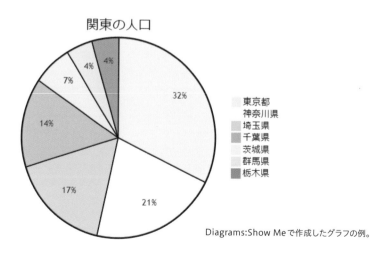

Diagrams:Show Meで作成したグラフの例。

Chapter
3
アイデアを生み出す
ための活用術

活用術

40 企画書の素案を作ってほしい

POINT

① 企画について明示する。

② 企画案の素案の作成を指示する。

③ 企画の内容を入力する。

USER

以下は新たな企画案のまとめである。①

これをもとにして企画書の素案を作ってほしい。②

③ ［キャンペーン名：「Summer Vibes Café Fest」　概要：夏の期間限定のキャンペーン　期間：1カ月　目標：リピーター客の増加、新規顧客へのリーチ　テーマ：カフェを夏に合わせて装飾、旬の食材を使ったメニューを提供。

ChatGPT

企画書素案：Summer Vibes Café Fest

1. キャンペーン概要

「Summer Vibes Café Fest」は、夏の期間限定のカフェキャンペーンです。

2. キャンペーン期間

キャンペーン期間は1カ月間とします。適切な開始日と終了日を選定し、広報活動によって顧客への周知を行います。

3. キャンペーン目標

リピーター客の増加：既存の顧客に対して特別な体験を提供し、カフェにより多くのリピート来店を促進します。

「Summer Vibes Café Fest」は、夏の季節を楽しむ顧客に特別な体験を提供し、カフェの知名度と顧客忠誠度を向上させる素晴らしい機会です。キャンペーンの成功に向けて、計画段階から実行まで慎重な準備と創意工夫を重ねていきましょう。

✦🔲 さらに具体的な企画書を作ってもらう ┈

企画のポイントや追加事項を指示して、さらに具体的な企画書を作成しましょう。「新規の数は多いが、リピーター客が少ない」などの現状の課題をプロンプトに盛り込みます。

USER
リピーター客を獲得するために、規模を拡大させる具体的な企画書を作成して。

ChatGPT
企画書：Summer Vibes Café Fest

1. キャンペーン概要：「Summer Vibes Café Fest」は夏の期間限定のカフェキャンペーンです。キャンペーン開催期間中は、カフェ全体を夏の雰囲気に合わせて装飾し、旬の食材を使用した特別なメニューを提供します。このキャンペーンの目標は、リピーター客の増加と新規顧客へのリーチを促進することです。

2. 課題の特定
   2-1　リピーター客の不足：現在の課題として、新規の顧客は多いものの、リピーター客が少ないという問題があります。リピーター客を増やすことで、顧客の定着を図り、長期的な売上げの安定化を図ります。
   2-2　冬のキャンペーンの効果：過去に冬に行ったキャンペーンでは効果があったことから、夏のキャンペーンでは規模を拡大して行い、より多くの顧客を惹きつける取り組みを行います。

3. キャンペーン期間
   キャンペーン期間は1カ月間とします。適切な開始日と終了日を選定し、広報活動によって顧客への周知を行います。

企画書は、誰が見てもわかりやすく、相手が納得できるように作る必要があります。必要な要素がまとまった見やすい企画書を作成するために、ChatGPTを活用しましょう。
　プロンプトに企画の概要を記載して、企画書の素案の作成を指示することで、企画書の「たたき台」を出力してくれます。頭のなかで漠然としていた情報を項目ごとに整理することで情報の過不足を客観視できます。企画内容の改善につながるでしょう。

+α　フレームワークを用いて企画書の完成度をさらに高める

　ChatGPTでフレームワークを用いて企画立案を行い、それを企画書に組み込むことも可能です。
　たとえば、Customer（顧客や市場）、Company（自社）、Competitor（競合他社）の3点について、それぞれ自社の強み弱みを分析する**3C分析**というマーケティングのフレームワークがあります。自社内の状況や要因（内部環境）や販売先の市場の状況（外部環境）を比較することで、自社の商品・サービスが売れるか、売れなければその要因は何かを分析するものです。
　作成した企画素案に対してChatGPTに3C分析を実施してもらい、そこで強みと考えられる点をより強化し、弱みとして指摘された点を解決していくことで、企画の完成度が上がります。

活用術
41　商品名を考えてほしい

POINT

① 商品の概要を指定する。

② 商品名の候補の考案を指示する。

③ 商品名を作成する際の注意点を明示する。

USER

紙だけでなく、ペン入力に対応したパソコンやタブレットでも使用でき
① 　　　　　　　　　　　　　　　　　　　　　　　②
るペンの商品名の候補をいくつか挙げてほしい。また、機能に関連づけ
た簡単な名前にしてほしい。
③

ChatGPT

紙だけでなくペン入力に対応しているパソコンやタブレットで使用できるペンの商品名の候
補をいくつか挙げます。これらの商品名は、それぞれのペンの機能に関連づけられた簡単な
名前です。

1. ペーパープレイペン（PaperPlay Pen）
   紙とデジタルの両方で快適に使えるペン。タッチペンとしても利用可能。
2. インクエレベーター（InkElevator）
   インクをデジタルな世界に引き上げるペン。ペン先には感圧技術が組み込まれています。
3. デジスクライブ（DigiScribe）
   デジタルな書き込みと記録の専門ペン。ノートや画面に自然な筆圧で書くことができま
   す。

これらのペンは、紙だけでなくデジタルデバイスでも使用できるため、手書きの感覚を大切
にしながら便利なデジタルノートやイラスト作成などに活用できるでしょう。

USER
商品の機能やイメージに関連するキーワードをいくつか教えて。

✦✉ **単語のアイデアをもらう** ··················
商品に関連する単語をいくつか出力してもらうことで、商品名のアイデアのヒントになります。プロンプトで「商品の機能やイメージに関連するキーワードをいくつか教えて」と指示してみましょう。

ChatGPT
商品の機能や印象に関連するキーワードをいくつか挙げます。これらの単語は、ペンやデジタルツールに対する機能や特徴、利便性、そして印象を表現するのに役立ちます。

1. シームレス（Seamless）
2. プレシジョン（Precision）
3. インテリジェント（Intelligent）
4. シンプル（Simple）
5. エレガント（Elegant）
6. ハイブリッド（Hybrid）
7. インタラクティブ（Interactive）
8. シンクロナイズド（Synchronized）
9. インクルーシブ（Inclusive）
10. エルゴノミック（Ergonomic）

これらの単語は、商品の広告や説明文において特徴や利点を強調する際に使える言葉です。

商品がどのようなものか説明することで、商品名の案を出してくれます。商品の強みや特徴を伝え、「機能を伝える名称にしたい」「使用しているシーンを連想させる名称にしたい」など、名づけの主旨を伝えると、よりイメージに近い商品名を挙げてくれます。

また、**情報が多いほど、名称も具体的かつユニークなものが出力される**ので、思いつくまま、なるべく多くの情報を箇条書きで記載していくと良いでしょう。

+α　重複チェックは忘れずに行う

商品名に印象的な単語を使うと、より商品の魅力が高まります。新たな商品名を考える際、ChatGPTを使うと単語やフレーズを組み合わせてユニークでインパクトのある名前を提案してくれます。

良い印象を与える商品の名称には、一定の傾向があります。まず挙げられるのは、その**商品の特徴が**「**一目でわかる**」ということ。例えばレックの「激落ちくん」、ライオンの「キレイキレイ薬用泡ハンドソープ」など、その商品を使うとどのような効果が得られるのかを端的に示すことが重要です。また食品メーカー各社から出ている「のむヨーグルト」も、その商品の特徴を示したネーミングの好例でしょう。

そのほかにも、「インパクトがあり記憶に残りやすい」「商品の持つストーリー性を伝える」など、さまざまな視点でそれぞれの商品名がつけられています。ChatGPTに商品名を挙げてもらう際は、どこに力点を置きたいかを伝えると良いでしょう。

また、ChatGPTに商品名を挙げてもらう際には、他の商品と重複していないかチェックを忘れずに。また、**商標権**を侵害していないかは、インターネット上の商標検索（J-PlatPatなど）を使ってチェックしましょう。

活用術
42 商品のキャッチコピーを考えてほしい

POINT

① 商品の概要を明示する。

② キャッチコピーの考案を指示する。

③ 要望や条件を指定する。

 USER

紙だけでなく、ペン入力に対応したパソコンやタブレットでも使用できるペンの商品「インクエレベーター（InkElevator）」にふさわしいキャッチコピーをいくつか考えてほしい。ビジネスパーソンをターゲットにしたシンプルなキャッチコピーにしてほしい。

 ChatGPT

1. 「新たな次元の手書き体験へ。InkElevatorがビジネスを加速します。」
2. 「ペン先から未来を描く。ビジネスにインスパイアを与えるInkElevator。」
3. 「紙とデジタルの融合。InkElevatorで効率とスタイルを一緒に。」
4. 「シンプルなペン、驚くべき機能。InkElevatorでプロフェッショナルな手書きを。」
5. 「手書きの力、デジタルの便利さ。InkElevatorが新しい働き方を提案します。」
6. 「ノートもスクリーンも、一本で満たす。InkElevatorがビジネスのパートナーに。」
7. 「ペンという名のエレベーター。ビジネスの世界を一段上へ連れて行くInkElevator。」

これらのキャッチコピーはシンプルでビジネスパーソンをターゲットにしたペンの利便性や魅力を強調しています。InkElevatorが手書きの体験とデジタルの利便さを組み合わせ、ビジネスの世界をより効率的に、スタイリッシュにサポートしてくれることをアピールしています。

USER
電子ペン対応のタブレットを使用している層に向けたキャッチコピーを考えて。

ChatGPT
電子ペンが使用できるタブレットを使用している層をターゲットにした、「インクエレベーター（InkElevator）」のキャッチコピーを以下にいくつか提案します。

1. 「無限のクリエイティビティが手元に。InkElevatorでアイデアを形にしよう。」
2. 「感性を解き放つ、InkElevatorがあなたの想像力を広げます。」
3. 「手書きの魔法がスクリーンに蘇る。InkElevatorで新たなデジタル体験を。」
4. 「ペーパーレスな未来を描く。InkElevatorがあなたの創造性をサポートします。」
5. 「自然な手触り、デジタルの快適さ。InkElevatorで手書きの楽しさを再発見。」

これらのキャッチコピーは電子ペンが使用できるタブレットを利用する層に向けて、クリエイティビティやアート、手書き体験の魅力をアピールしています。デジタルな世界での手書きの感覚や表現の自由を強調し、新しいデジタル体験を提供することで、ターゲット層の興味を引きつけることができるでしょう。

✧⁺ ✉ **汎用性の高いコピーを作成する** ………
指定していたターゲット層を広げて指定することで、新たなキャッチコピーのアイデアを得ることができます。ターゲットを指定し直して別のアイデアを生成してもらいましょう。

商 品にふさわしいキャッチコピーを0から考えるのは難易度の高い作業です。ChatGPTを使って、コピーのアイデアを出してもらいましょう。商品の概要を明示して、「この商品のキャッチコピーを作成してほしい」と指示すると、キャッチコピーが生成されます。ターゲットを指示するとそのターゲットをピンポイントで狙ったコピーが生成されます。プロンプトは商品やサービスの用途、ターゲットなどに合わせて適宜変更を加えましょう。

+α コピーの生成は柔軟なプロンプトの編集がカギ

　プロンプトを柔軟に編集することで、新たな視点の魅力的なキャッチコピーの案を得ることができます。また、バナーや告知画像に貼る際のフォントやビジュアルのアイデアも得られるでしょう。SNSでの告知や店頭ポップなど用途を考慮してプロンプトを考えましょう。
　以下は、20代女性をターゲットにしたアクセサリーの媒体ごとのキャッチコピーをChatGPTに考えてもらったものの一例です。
【20代女性向けファッションアクセサリー】
　SNS向けコピー：

「輝く君を彩る、自由なアクセサリー。自分らしさを全開に。#BeYou #自由な装い」
　店頭ポップ向けコピー：
「注目の新作アクセサリーが入荷中！ 洗練されたデザインで華やかに輝こう。」
　バナーや告知画像向けコピー：
「夏の日差しに映える、涼やかなアクセサリーコレクション。一瞬の美しさを永遠に。」
　そのまま活用するだけでなく、チームや自分のアイデアと組み合わせることで、さらなる魅力的なキャッチコピーを生み出すことができます。

活用術
43 商品の紹介文を書いてほしい

P
POINT

① 商品について明示する。

② 紹介文を書いてほしいと指示する。

③ 商品の概要を入力する。

USER
以下は学生向けデバイス①の概要です。紹介文を書いて②ほしい。

スマートフォン型の学生向けデバイス「Studysmart」
・スケジュールを入力すると1日の学習計画を提案。テストや提出物の期日をリマインド。定期テストの点数や検定などの目標もセットできる。
③
・スマートフォンのようなSNSやアプリケーション機能がないため、気が散らずに勉強に集中できる。

ChatGPT
新しい学習スタイルを革新するスマートフォン型デバイス、「Studysmart」をご紹介します。Studysmartは、学生の皆さんの学習体験を効果的かつ効率的にサポートするために設計された画期的なデバイスです。

Studysmartは、忙しい日々の中で学習計画を立てる手間を省き、最適な学習スケジュールを提案します。テストや課題の締切日を見逃すことなく、リマインド通知でお知らせします。さらに、定期テストのスコアや検定の目標を設定して、モチベーションを高めることができます。

最も重要なことは、Studysmartが学習に集中するための環境を提供することです。スマートフォンのようなSNSやアプリケーション機能がないため、気が散ることなく学習に向き合えます。集中力を高め、効果的な学習時間を確保するための理想的なツールです。

Studysmartは、学生の皆さんが目標を達成し、成功を収めるための信頼のおけるパートナーとなることでしょう。新しい学習体験を開始し、未来への道を切り拓くお手伝いをします。

SNSで商品説明をまとめる必要がある場合、文字数の上限を指定することで、目的に応じた紹介文を作成し直すこともできます。追加のプロンプトで、簡潔な紹介文の作成を指示しましょう。

USER
Twitter（X）への投稿用に、
140字以内でまとめてほしい。

ChatGPT

1. 新登場「Studysmart」📱！スケジュール入力で学習計画提案、テスト期日リマインド、SNS・余計なアプリゼロで集中学習📖 #学習効率UP

2. 学生必見⭐「Studysmart」はスマホ型学習デバイス。テストリマインド、学習計画、SNSなしで集中して勉強📖 #新学習スタイル

3. 「Studysmart」で勉強の革命🚀！1日の学習計画自動提案、期日リマインド、SNS不在で最高の集中力を。#次世代学習ツール

4. スマホ型だけどSNSなし🚫！「Studysmart」で学習計画＆リマインド機能付き。勉強に100%集中🔥 #学生の新ベストフレンド

5. 忘れがちな提出物やテスト、もう大丈夫🚄！「Studysmart」が全てサポート。余計なアプリゼロで集中勉強📚 #学習の新時代

企 画書やプレスリリースでは商品やサービスについての紹介文を書く必要があります。紹介文では商品・サービスの用途やターゲット層など、商品の基本的な情報をわかりやすく記載する必要があります。プロンプトに商品の概要を記載すると、書いてある情報がまとまった紹介文を作成してくれます。箇条書きになっている概要も文章にまとめられますし、説明だけの文章を修飾してもらって、商品がより良いものだと感じられるような文章に手直しすることもできます。

+α 紹介文が媒体に適しているか確認する

商品やサービスの紹介文を作成する際は、どの媒体に掲載するのか考える必要があります。なぜなら、媒体によって読み手のスタンスが変わるためです。

ある程度、専門性のあるオンラインショップ上であれば、読み手は商品をじっくり比較して購入しようと考えます。また、読み手側の知識も豊富でしょう。その点で他の商品との差別化をより深く掘り下げていく必要があります。

一方で、SNSなどを用いた広告キャンペーンの文章は、読み手の閲覧時間が限られるため、見出しや写真のみを見て、説明文を読むかを判断される場合が多いでしょう。読まれたとしても、じっくりと理解しようとはしてもらえない場合も当然あります。そのため、端的に誰が、どのようなメリットを得ることができるのか伝える文章でなければなりません。「○○の媒体で掲載する商品の紹介文です。どのような印象を受けますか」とChatGPTに聞いて、媒体に適した紹介文に調整していきましょう。

活用術

セミナー開催の案内文を書いてほしい

① セミナーの開催を明示する。

② 紹介文の作成を指示する。

③ セミナーの概要を入力する。

USER

「世界の経済動向や社会のトレンドから今後の経営を読み解く」という
趣旨のセミナーを開催①する。メディアに載せる案内文を作って②ほしい。以
下はセミナーの概要。

③
　・専門家が世界の経済動向について解説
　・社会のトレンドをさまざまな事例から読み解く
　・今後の経営のトレンドや展望を読み解く

ChatGPT

タイトル：未来を読み解く経営戦略セミナー - 最新トレンドから見る展望

皆様へ、新たなビジネスの展望を探る貴重な機会がやってきました。私たちの「未来を読み
解く経営戦略セミナー」では、国際的な経済動向と社会のトレンドを専門家による深い洞察
と事例研究を通じて解き明かし、未来に向けたビジネス戦略のヒントを提供します。

ご紹介する専門家、「ジョン・ハミルトン博士」は、国際経済分野での長年の経験と専門知識
を持ち、世界の経済動向について的確な分析と展望をお伝えいたします。

日程：[開催日時]　場所：[開催場所]　参加費：[参加費用]　お申し込みとお問い合わせ：
[申し込み方法と連絡先]

皆様との知識と体験の共有を楽しみにしております。

USER
メールマガジン登録者に配信する
告知メールを作成して。

✦✉ 講演の情報をメールで伝える ‥‥‥‥‥

セミナーや講演の開催をメールマガジン向けの文章
にしてみましょう。メールマガジンに登録している
人や、会員に登録している人に告知することで、よ
り集客が期待できます。

ChatGPT
件名：【お知らせ】未来経営セミナー - 世界経済と社会の最新トレンドから読み解く
メールマガジン登録者の皆様
いつもメールマガジンをお読みいただき、誠にありがとうございます。私たちは皆様のビジ
ネス成功をサポートするため、新たなイベントのお知らせをさせていただきます。「未来経営
セミナー - 世界経済と社会の最新トレンドから読み解く」を開催いたします。このセミナー
では、専門家が世界の経済動向や社会のトレンドについて解説し、これからのビジネス展望
を読み解く貴重な情報を提供します。
【セミナーの詳細】
日時：[開催日][開催時間]　場所：[開催場所]　参加費：[参加費用]
皆様のご参加を心よりお待ちしております。何かご質問やお問い合わせがございましたら、お
気軽にご連絡ください。
敬具
[お名前]
[お役職]
[連絡先]
[メールアドレス]

セ　ミナーや講演を開催する場合、開催を告
　　知する文章を作成する必要があります。
ChatGPT を活用して、開催の告知文を書い
てみましょう。まず、**プロンプトにはセミナー**
の概要を記載する必要があります。セミナーの
構成や内容、登壇講師の情報など、必要な項目
を記載しましょう。概要を読み取り、不十分な
部分を適宜追加した告知文を生成してくれます。

+α　**セミナー参加者をさらに増やすための工夫**

　セミナー開催の**告知文**は、簡潔かつ過不足なくま
とめる必要があります。最低でも、日時・場所・定
員・受講料とその支払い方法・受講条件・対象者・
持ち物・主催や共催・後援・問い合わせ先といった
項目を記載したうえで、**セミナーの魅力が伝わる内**
容にしましょう。この**告知文だけで、受講すべきか**
否かが判断できるのが理想です。

　告知メールを送る際、**件名**などの**読み手が最初に**
目にする要素には、ターゲットに合わせて共感を得
られるような文章を作成すると良いでしょう。「国際
経済は経営にどう影響するのか？」など、セミナー
のターゲット層が関心の高いテーマを記載すること
で、より惹きつけられる告知文になります。

活用術
45 企画につけ足すアイデアを出してほしい

POINT

① つけ足すアイデアの考案を指示する。

② 出力する体裁を指定する。

③ 企画の概要を入力する。

 USER
以下は現在企画しているキャンペーンの概要です。<u>以下の企画につけ足すアイデアがあれば教えてほしい</u>①。<u>箇条書きで10個出して</u>②。

> 「春のお花見キャンペーン」
> ・実施時期は3-5月
> ③ ・対象は女性をターゲットにしたビタミンドリンク。景品も女性向けを意識したものに。
> ・顧客の購買促進、商売の認知度拡大につなげる。

 ChatGPT
「春のお花見キャンペーン」にさらなるアイデアをつけ足してみましょう。

1. 桜の写真コンテスト：キャンペーン期間中、参加者が自分が見た美しい桜の写真を投稿できるコンテストを開催します。美しい写真や独創的なアングルの写真には、特別な賞品を用意し、カメラ好きの心をくすぐります。

2. 桜のストーリーテリング：ドリンクのパッケージに桜の花びらの形を活かして、日本の桜にまつわる詩や物語を印刷します。消費者がドリンクを楽しみながら、日本文化や桜の意味に触れることができます。

⋮

これらのアイデアを取り入れることで、「春のお花見キャンペーン」はより多くの人々に楽しさや意義を提供し、ビジネスの成果を最大限に引き出すことができるかもしれません。

USER
2番を採用したいので、
アイデアをもっと掘り下げてほしい。

✦✉ アイデアを深掘りしてブラッシュアップ ⋯
追加のプロンプトで出してもらったアイデアについて掘り下げて聞くことで、より実用的なアイデアにすることができます。

ChatGPT
以下に、2番の「桜のストーリーテリング」について詳細をより掘り下げて説明します。

2. 桜のストーリーテリング：
　このアイデアでは、対象ドリンクのパッケージに桜の花びらの形を活かして、日本の桜にまつわる詩や物語を印刷します。これにより、消費者がドリンクを楽しみながら、日本の文化や桜の意味に触れることができます。
　詩や物語の選定：日本の古典文学や現代の詩人による桜に関する詩や物語を選定します。桜の美しさや季節感を表現するものや、桜がもつ日本文化や風物詩と結びついた作品を選ぶことがポイントです。

　これらのアイデアを実施することで、「春のお花見キャンペーン」はより深い意味や価値を持ち、消費者の共感を呼び起こし、ブランドの認知度と信頼性を向上させることができます。

考 えた企画になにか別のアイデアを足したい、何か物足りないというとき、ChatGPTを活用してみましょう。すでに考えたアイデアをプロンプトで指定して、「この企画にアイデアを追加してほしい」と指示することで、企画に沿った新たなアイデアを考えて出力してくれます。企画の趣旨やターゲットを指定しておくと、より実用的なアイデアを生成することができます。

+α アイデアの掘り下げを指示する

　新たなアイデアを提案してほしいときには企画の詳細を明確に指定するのが効果的です。企画の目的やターゲット、コンセプトなどの要素をプロンプトに組み込むことで、より適したアイデアを得ることができます。また、上手くいかない場合や、さらにアイデアがほしい場合はプロンプトの内容を変えて複数回試してみましょう。プロンプトの内容を調整していくことで新たなアイデアが生成されることがあります。

　さらに、追加のプロンプトで、出力されたアイデアを番号や名称で指定して「このアイデアについて掘り下げてほしい」と指示すれば、出力されたアイデアについて掘り下げることもできます。掘り下げたアイデアを活用して企画会議や開発に取り組むことで、アイデアを形にしましょう。対象市場の調査やマーケティングについてチームで考えることでさらに効果的な企画にすることができます。

活用術
46 企画内容の良い点、悪い点を教えてほしい

POINT

① 企画について明示する。

② 良い点と悪い点を教えてほしいと指示する。

③ 企画の概要を入力する。

USER

以下は現在企画しているキャンペーンの概要①です。

企画内容の良い点と悪い点を教えて②ほしい。

> ③「春のお花見キャンペーン」
> ・実施時期は3-5月
> ・対象は女性をターゲットにしたビタミンドリンク。
> ・景品は女性向けを意識したもの。
> ・顧客の購買促進、商売の認知度拡大につなげる。

AI ChatGPT

良い点：

1. 季節感を活かしたテーマ：キャンペーンが春の桜の季節にあわせて行われるため、季節にぴったりなイベントとなっています。これにより、参加者にとって魅力的なキャンペーンとなります。

改善できる点：

1. ターゲット層の詳細な設定：ターゲットを「女性」に設定していますが、具体的な年齢層や関心分野などターゲット層の設定がより詳細だと、キャンペーンの企画やPRのコンセプトが明確になります。

2. 賞品の幅広さ：テーマパークチケットや記念品など幅広い種類の景品を検討することで、幅広い参加者の興味を引きつけることができます。

USER
悪い点の改善方法を教えてほしい。

ChatGPT
以下に「春のお花見キャンペーン」の悪い点とそれに対する改善方法を提案します。

悪い点：
ターゲット層の詳細な設定の不足：「女性をターゲットにしたビタミンドリンク」という設定は一定の方向性は示しているものの、具体的なターゲットの年齢層や関心分野を設定することで、より効果的な広告やキャンペーン企画が可能になります。

改善方法：
ターゲット層に関する詳細な情報を収集し、以下のような側面を検討してみてください。

1. 年齢層：（例）若い世代、30代から40代の働く女性など。どの年齢層を主な対象とするのかを明確にしましょう。
2. 関心分野：ターゲット層の趣味や関心分野を考慮し、キャンペーンの内容や景品を選定します。例えば、健康、美容、アウトドアなど。
3. 使用シーン：どのようなシーンでドリンクを摂取することが多いかを考え、キャンペーンの訴求方法を調整します。

企 画を進めるうえで客観的な分析や、改善点を洗い出す作業はとても重要です。企画の概要を明示し、「企画の良い点と悪い点を教えて」と聞くことで、ChatGPTが企画の改善点を洗い出してくれます。

良い点も聞いておくことで変える必要のない部分を把握し、改善したほうが良い部分のみ修正することができるので、企画のブラッシュアップにつながります。

+α 類似する事例を聞いてみる

季節ものの**キャンペーン**などは、過去に類似のものが開催されていることもあります。そうした過去の事例を参考、または差別化するために、**類似する事例や情報をたずねてみましょう**。過去に流行した

キャンペーンやマーケティングなどを知ることで、新たな切り口を思いつくかもしれません。
ただし、ChatGPTが学習しているのは2021年9月までの情報なので、注意しましょう。

ChatGPT同士でディベートさせて企画内容を検証したい

活用術 **47**

① 企画内容を検証する旨を明示する。

② それぞれの立場でディベートを行うように指示する。

③ 企画の概要を入力する。

USER

①<u>企画内容の検証をしたい</u>。以下の内容について、<u>ChatGPTが主催者側と消費者側となり、一人二役でディベートしてほしい</u>。②

③
「春のお花見キャンペーン」
・実施時期は3-5月
・抽選でテーマパークチケットやオリジナル記念品、ドリンクが当たる。
・コンビニやスーパー等で販売される対象ドリンクについている桜の花びらの形のシールを5枚集めると桜が完成。桜ひとつで1口として応募できる。期間内なら何度でも応募可能。
・対象は女性をターゲットにしたビタミンドリンク。景品も女性向けを意識したものに。

ChatGPT

主催者側（ChatGPT-A）：

「春のお花見キャンペーン」は、春の季節感を活かした素晴らしいキャンペーンです。3-5月は桜の季節であり、桜の花びらの形のシールを集めるアイディアは、消費者の季節感を刺激し、購入意欲を高める要素として機能します。また、女性をターゲットにしたビタミンドリンクは、春の新生活を迎える多くの女性にとって、健康や美容を意識するタイミングとマッチしています。景品も女性向けを意識しているので、ターゲット層の関心を引きつけやすいでしょう。

消費者側（ChatGPT-B）：
春の季節感を活かしたキャンペーンは魅力的です。しかし、シールを5枚集めるというのは、一度の購入では達成できないため、継続的な購入を促す意図が感じられますが、これが逆に購入のハードルを上げる可能性もあります。また、テーマパークチケットやオリジナル記念品という景品は魅力的ですが、具体的な内容や価値が明示されていないため、どれだけの価値があるのかがわかりづらい点が気になります。また、女性をターゲットにしているのは理解できますが、男性を完全に除外するのは市場の一部を無視しているようにも感じられます。

主催者側（ChatGPT-A）：
シールを5枚集める方法や継続的な購入を促す狙いがあるのは確かです。しかし、それによって消費者に継続的な楽しみや期待感を提供することができ、ブランドロイヤルティを高める効果も期待できます。景品の具体的な内容については、キャンペーンの宣伝やプロモーションで詳しく伝える予定です。男性をターゲットから外すことについては、商品やキャンペーンのコンセプトを明確にするための戦略的な選択です。

消費者側（ChatGPT-B）：
継続的な楽しみや期待感は理解できますが、シールを5枚集めるための購入コストと、提供される景品の価値とのバランスの検証が必要です。バランスが取れていないと感じる消費者が多いとすれば、再検討が必要でしょう。また、男性をターゲットから外すことに企画コンセプトを明確化する狙いがあるのは理解できますが、男性も購入する可能性があるため、キャンペーンや景品にはもう少し柔軟性を持たせることも考慮すべきではないでしょうか。

新たな企画について客観的に分析してさらに効果的なものにしたいというときに、第三者の意見を聞くことができます。ChatGPTに一人二役でのディベートを指示することで、適当な役をロールプレイしてディベートしてくれます。役をこちらから指示しても良いでしょう。「会話調で」と指示すると本当のディベートのように、会話調で検証結果が出力されます。この活用法では、**消費者の反応を予測して企画を改善するのに役立ちます**。

+α ディベートから改善点を得る

ディベートとは、**立場が異なる者（一般に肯定派と否定派）が論理的に第三者の支持を得るために議論することです**。

企画を検証する際に、この「立場が違う」者が議論するというプロセスは非常に重要です。肯定派同士、否定派同士では視点が同じになりがちなので、多様で多角的な意見が出づらいです。

今回の使い方の目的はあくまで「**検証**」なので、問題点がなかなか指摘されないときは、**立場を細かく変えて再度ディベートをさせると良いでしょう**。例えば、反対派にもうひとつ要素を加えます。反対派の「男性」、反対派の「高齢者」、反対派の「富裕層」といった具合です。

また、ChatGPTのディベートで新たな問題が発見された際に、その問題点をテーマに再度ディベートを行うのも良いでしょう。

48 ChatGPTに顧客の立場で会話してもらう

P
POINT

┌─────────────────────────────────┐
① 商品の検証を指示する。

② 顧客の立場で会話することを指示する。

③ 商品の概要を入力する。
└─────────────────────────────────┘

USER ① ②
この商品について検証してほしい。顧客の立場になって一人二役で会話
③
してください。

③
- ・スマートフォン型の学生向けデバイス「Studysmart」。
- ・1日の学習計画を提案。テストや提出物の期日をリマインド。テストや検定の目標点数もセットできる。
- ・友人と学習時間や進捗、成績の共有などができる。協力的な学習コミュニティの形成に役立つ。
- ・アプリケーション機能がないため、気が散らずに勉強に集中できる。

ChatGPT
顧客の立場（学生）A：こんにちは、この新しい学生向けデバイス「Studysmart」、かなり興味深いですね。私は自分の勉強計画を立てるのが苦手で、提出物の期日を忘れることもありますから、これなら大助かりです。

顧客の立場（学生）B：こんにちは！　本当に便利そうですよね。

顧客の立場（学生）A：そうですね、価格も気になりますね。使い勝手や実際の学習効果も評価ポイントですが、手頃な価格なら導入しやすいですし、学習に本気で取り組むうえで役立つツールとして長く使えそうです。詳しい情報が出たら、要チェックですね！

USER
商品に対して否定的な人も交えて会話を
してほしい。

✦ ✉ 🗹 立場を変えて会話してもらう ············
先ほどの顧客はどちらも商品に対して肯定的な見方
をしていましたが、否定的な意見も交えることで、
新たな気づきを得やすくなります。否定的な人を加
えて会話してもらいましょう。

AI **ChatGPT**
顧客の立場（学生）A：こんにちは、Studysmart、確かに学習に集中できるとはいえそうだ
けど、ちょっと心配なことがあるんだよね。例えば、友達と学習進捗を共有できるっていう
機能はいいけど、プライバシーの問題が気になるな。個人の学習成績って、あまりほかの人
に知られたくない部分もあるし。

顧客の立場（学生）B：それは確かに心配だね。プライバシーって大切だから、その点をど
う考えているか、ちゃんと知りたいと思う。また、このデバイスって完全に学習に特化して
いるから、ほかの娯楽アプリやSNSが使えないのはちょっと不便かもしれないよね。

顧客の立場（学生）C：それに、このデバイスって1つの製品ですべてをやるってことだから、
ほかに使いたいアプリや学習資料があったら、Studysmartだけじゃ機能が限られてしまうよ
ね。もし自分の好きなアプリを選んで使える仕組みがあれば、もっと良いかもしれないけど。

企画は、単純な客観視だけではなく顧客の
立場からの意見を参考にすることで、よ
り説得力が高まります。そのために調査や取材
を行うことがありますが、**ChatGPTを活用して
疑似的に顧客の立場で意見を出してもらうこと**
も可能です。プロンプトで企画の詳細を指定し
て、「**この企画について一人二役で顧客の立場で
会話してほしい**」と指示すると、商品について
の意見を得ることができます。

+α **顧客の視点から商品を評価する**

ChatGPTを活用して**顧客の意見をシミュレーショ
ン**することで、企画の改善点を得ることができます。
また、膨大なデータベースからさまざまな分析方法
で企画を分析・検証してくれます。しかし、**ChatGPT
はデータが最新でないため、競合についての情報を
得るのには向いていません**。自身で最新データを収
集し、生成された会話をアップデートしましょう。
顧客のニーズには、顧客が自覚しているニーズ「顕
在ニーズ」と顧客が自覚していないニーズ「潜在ニ

ーズ」があります。例えば、「ぐっすり眠りたい」と
いった「顕在ニーズ」の裏には、「健康になりたい」
「日中の眠気をなくしたい」といったニーズが隠れて
いることがあります。これが「潜在ニーズ」です。商
品のターゲットである顧客同士が、ニーズを調査し
たい商品・サービスを求めている場面の会話を再現
すると、ターゲットとなる顧客が抱えている「潜在
ニーズ」を探るヒントになります。

活用術
④⑨ 記事のタイトルをつけてほしい

POINT

① 記事にタイトルをつけるように指示する。
② タイトルの字数を指定する。
③ 記事の内容を入力する。

USER
以下の記事に、タイトルをつけて①ほしい。40字以内②で。
また、タイトルだけで内容が分かるようにしてほしいです。

③
「果汁100%ジュース」が、問題となっている。
果汁100%ということは、すべて果汁でできているジュースということだ。しかし、ジュースのパックに「果汁100%」と書いているのにもかかわらず、果汁が半分以上入っていないメーカーもある。そうした現状に、ジュースを飲む子供やそれを買う親が損をしていることが明らかとなってきた。果汁100%入っているジュース200円と果汁70%しか入っていないジュース200円の差は大きいと考えられる。今後、どのように対応していくのかがカギとなる。

ChatGPT
記事内容を要約したタイトル：
1. 「果汁100%」の疑惑：ラベルと中身のギャップ
2. ジュースの真実：「果汁100%」の誤解と実態
3. 「果汁100%」表示の裏側：消費者が知らない事実
4. ジュース業界の不正表示問題：「果汁100%」の真相
5. 「果汁100%」の実態：ラベルと内容の不一致問題

ChatGPT for Business Persons

✦ ✉ タイトルの具体性を調整する ………………

「対応策が求められる」と提示された場合、具体的にどんな対応策が考えられるのか、少し踏み込んで表示することで、記事の内容を鮮明にイメージしてもらうことができるでしょう。

USER
対応策とは具体的に何かを、タイトル内で明示して伝えて。

ChatGPT
タイトル：「果汁100%ジュース」の実態と消費者の損失　厳格な表示規制と情報透明性の確保を迫る

「果汁100%ジュース」の表示に関する問題を取り上げています。
消費者に対して、情報の透明性が求められる状況となっているなか、
正確な内容の表示が求められています。
具体的な対応策として、メーカーによる表示の透明性向上と、
業界全体の規制強化が必要です。
これによって、子供や親が正しい情報を得て安心して
商品を選ぶことができる環境を構築することが重要です。

文 章の内容を確実に読み手に伝えるには、まずタイトルや見出しから**瞬時にテーマを理解してもらう必要があります。大きな流れ**を掴んでもらったうえで、文章を読み進めてもらうのが理想です。見出しとは、記事にどんなことが書かれているかを一目で判断できること

が最も大切なポイントです。見出しが2つ以上になるような場合は、記事の内容における最も重要と思えるポイントを「大見出し」とし、次いで重要と思われるポイントを「小見出し」としても良いでしょう。

＋α 最後まで読んでもらえるタイトルをつける

記事の**タイトル**は、ユーザーが最初に目にする要素です。読者はタイトルで記事を読むか読まないかを判断するため、WEB記事であればPV数に大きく影響します。そのために、「説得力のある数字を入れる」「疑問形にして読者の心情に寄り添う」「インパクトのある単語をタイトルに含む」「簡単な表現で記事を読む敷居を低くする」といった工夫をすると良いでしょう。

では、「良いタイトル」とはどのようなものかというと、その一文で記事の内容を伝え、読みたくなり、読後に満足感を与えられるものでしょう。インパクトのある単語だけ並べても、内容が伴っていなければ興味を引けません。また、問いの形式で煽るタイ

トルであれば、それに対する回答が記事内に用意されていないと読者の心情には寄り添えません。「読んでもらうため」のタイトルではありますが、「最後まで読んでもらうため」を意識しましょう。

さらに、記事のタイトルはSEOにも関わります。SEO対策とは、検索エンジンの検索結果の上位に表示させるマーケティング施策のことです。ユーザーが記事を見つけやすくするためには、検索されやすい単語をタイトルに含める必要があります。ChatGPTに「このキーワードでSEOに強いタイトルを作成して」と指示すると、いくつかタイトル案を出してくれます。

活用術

50　社内報を作成してほしい

POINT

① 作成したい書類のタイプを指示する。

② 書類に入れたい項目を
箇条書きで入力する。

USER
下記の内容で、<u>社内報を作成してほしい</u>①です。

・会社の業績に関する内容
②・部署と社員に関する内容
・今月の特集記事

ChatGPT
社内報

2023年7月号

◆会社の業績に関する内容◆

皆様へ、大変喜ばしいお知らせがございます。当社の業績は引き続き堅調に推移しており、2022年同期比で売上高が15%増加しました。この成果は、皆様方のご尽力と協力の賜物でありますこと、心から感謝申し上げます。

特に、昨年度よりも新規事業の拡大に力を入れ、積極的な市場開拓に取り組んだ成果が顕著であります。今後も、より多くのチャンスを追求し、業績向上に取り組んでまいりますので、引き続きご支援とご協力を賜りますようお願い申し上げます。

◆部署と社員に関する内容◆

先月は、各部署において素晴らしい成果が上げられました。特に営業部門の皆様には大きな成果を挙げていただき、心より感謝申し上げます。また、新入社員の方々にも大変なる努力と成長を見せていただき、期待を超える活躍をしていただいております。

部署ごとの成果を称え、さらなる刺激となるよう、各部署間での情報共有や交流の機会を増

やしてまいります。部署を超えたチームワークの強化に努め、一層の連携を図ってまいります。

◆今月の特集記事◆
今月の特集記事は「未来をになう新技術に迫る」です。最新のテクノロジーがもたらす変革と可能性について、専門家へのインタビューや成功事例の紹介を通じて掘り下げます。皆様にとって刺激となる情報を提供し、新たなビジネスチャンスを見つける手助けとなることを目指しています。

ぜひ、この特集記事を通じて、未来への展望を広げ、新たなアイデアを生み出すきっかけとしていただければ幸いです。

皆様がより充実した仕事を行い、成果を上げるための情報となるよう、これらの内容を継続的に提供してまいります。

以上が、2023年7月号の社内報の内容となります。皆様にとって有益で魅力的な情報となることを願っております。

社 内報作成の際は、制作スケジューリングや内容の企画立案、それに係る調査や取材、さらには次号のテーマの決定など、やるべき仕事は多岐にわたります。まったくのゼロから紙面をすべて作り上げていくのは、上級者で

あっても大変な作業です。

まずは考えられるテーマをプロンプトとしてChatGPTに伝え、雛形となるフォーマットを作成します。そこから自分なりに手を加えて調整しつつ、理想の紙面を作っていきましょう。

> 社内報作成の
> プロンプトのバリエーション例

 くだけた雰囲気の文章にして、親しみを持てるようにして。

 特集記事は「リファラル採用」に関するものにして。

+α 社内報がいかに重要かをイメージする

社内報は、会社の理念や事業の方向性、決算報告、社内行事などの詳細を従業員に伝えたり、従業員たちが普段どのように働いているかなどを社内で共有するための媒体です。

社内報の意義と目的のひとつは、情報の共有化による社内文化の醸成といえます。

企業を支える文化が豊かになることは、従業員の仕事に対するモチベーションのアップや、エンゲージメントの向上、ひいては離職率の低下、業績の改善まで期待でき、企業経営や事業活動に大きな影響を与えるとされています。プロンプトを作成するう

えでは、そうした意義も正しく知っておき、ChatGPTを上手に活用しましょう。一度作った雛形に「**業務以外の旬の話題や季節のトレンドを入れて**」と追加でプロンプトに入力するのも良いでしょう。社内報をさらに充実させることができるはずです。

かつては社内報といえば、紙面での作成が主でしたが、最近はアプリなどを活用することで、Web上での発信を行っている企業も少なくないようです。そうしたツールなどの情報についても、ChatGPTをとおして模索してみると良いでしょう。

活用術
51 顧客の目線で商品をレビューしてもらい、広告の参考にしたい

POINT

① 顧客目線でレビューしてほしいと伝える。
② 作成してほしいレビューの数を指定する。
③ 商品概要を入力する。

USER

以下の商品を顧客としてレビューして。① 3個作成して② ほしい。

③ 商品内容：消せるペン
商品概要：普通の油性ペンだが、消しゴムで消せる。

ChatGPT

商品名：消せるペン

レビュー1：
この消せるペンは本当に素晴らしいです！　普通の油性ペンとしても優れた性能を持っており、書き味も滑らかで鮮明です。この消せるペンが欠かせないアイテムとなりました。

レビュー2：
消せるペンを使ってみましたが、とても使い勝手がよくて驚きました。書いた文字や線を消す際、特別な消しゴムが必要なのか心配でしたが、普通の消しゴムで簡単に消せました。

レビュー3：
消せるペンは驚くべき技術の進歩です！　普通のペンとしての機能は申し分ありません。加えて、書いたものを消すことができるのが素晴らしいです。ノートや手帳に書き込んだ内容が後で変更になった場合でも、消しゴムで簡単に修正できます。まさに画期的な商品で、大変満足しています。

USER

使ってみて不都合だと感じたレビューも
少しだけ加えて。

ChatGPT

レビュー4：

消せるペンを使ってみましたが、少し不都合な点も感じました。書いた文字や線を消す際には、力を入れなければならないことがあります。消したつもりでも、跡が残ってしまうことがありますので、注意が必要です。また、消しゴムのようなものを使用するため、消しゴムの消耗が早いです。頻繁にミスを修正する場合は、消しゴムの交換を頻繁に行う必要があります。それでも、この消せるペンの利便性は高く、一部の不便な点を差し引いても、私にとっては非常に便利なツールであることには変わりありません。

レビュー5：

消せるペンを使ってみましたが、一部の用途には向かないと感じました。特に、水に濡れやすい湿気の多い場所での使用には不向きです。インクが滲んでしまい、消すことができなかったり、消した後の跡が残ってしまうことがあります。また、消しゴムの効果も水分によって低下してしまうことがありました。

✉ **ネガティブな意見も聞いてみる** ....

商品やサービスの特性をより正しく把握するには、あえてネガティブなレビューをChatGPTに考えてもらうなど、さまざまな角度から想定をめぐらせておく有効な方法です。

カスタマーレビューは、企業にとっては商品開発や商品改良をするうえで欠かせない情報であり、ユーザーにとっても購買を検討するうえで有益な情報です。

顧客レビューの収集と分析は、その商品の特性を良くも悪くも浮き彫りにします。そのため、顧客を惹きつける広告を制作する手段として、架空のレビューを参考にするのは効果的といえます。よりリアルなレビューを作成してもらうには、商品やサービスの特性を漏らさずにChatGPTに伝えることが必要です。

+α 商品価値を意外な角度から示してくれる

カスタマーレビューとは、商品やサービスを実際に購入した人が使ってみた感想や、商品の良い点や悪い点を批評してフィードバックするものです。カスタマーレビューを有効活用することで、商品の機能やサービスの価値をユーザーに伝えることができます。

実際にロボット掃除機の「ルンバ」などで知られるアイロボットが、カスタマーレビューを活用した広告を打ち出した事例があります。駅構内などに「そうじの時間が家族の時間になりました。」といったコピーが掲出されたのですが、それらは実際に購入したユーザーの声を転用したものです。「強い吸引力」といった従来型の宣伝文句とはまた違う、商品と利用者の生活との関わりがリアルに浮かび上がってくる新しいキャッチコピーといえます。

活用術 **52** 説明文や記事の下書きを
作成してほしい

① 記事の作成を指示する。

② 文章の文字数と対象読者を指定する。

③ 説明文や記事に加えたい情報を入力する。

 USER

<u>下記の情報を含めて記事を作成してほしい</u>①です。<u>文字数は150字で、読者の対象は、子供から大人まで</u>②。

③
- ・果汁100%と表示されているジュース
- ・表示されている%よりも少ない
- ・買っている親や飲んでいる子供が損をしている

 AI **ChatGPT**

タイトル：「果汁100%ジュース」の表示には注意が必要

本文：果汁100%と謳われたジュースを買ったり飲んだりする際には、注意が必要です。表示されている%が実際の果汁の割合よりも少ない場合がありますし、果汁100%でない可能性もあります。このような場合、購入者や子供たちが損をしてしまうことになります。果汁100%ジュースを選ぶ際には、製品の成分表示を確認することが重要です。果汁の割合やほかの添加物の有無が明記されているはずです。また、信頼できるメーカーからの購入を心掛けることも大切です。

子供から大人まで、消費者は正確な情報に基づいて選択をする権利を持っています。商品名を鵜呑みにするのではなく、成分表示まで確認するようにしましょう。

✧ ✉ ターゲットを絞り込む ·····················

読者の対象を「子供から大人まで」ではなく、こうしたテーマに特に関心を持っている層に絞り込むことで、より具体的かつ専門的な情報がChatGPTから得られる可能性があります。

USER
健康問題や食品問題に関心が深い主婦層に向けた記事にして。

ChatGPT
タイトル：「果汁100%の真実 ジュース選びで家族を守るためのガイド」
本文：「果汁100%」と表示されたジュースを選ぶ際、消費者はその真実性をしっかりと見極める必要があります。
日本では食品表示法に基づき、ジュースの表示には厳格なルールが設けられています。「ジュース」と表記できるのは果汁100%のもののみであり、果汁が10%以上100%未満のものは「果汁入り飲料」、10%未満のもの「清涼飲料水」と表記しなければいけません。また、果汁100%のジュース以外の商品では、果物の断面や果物から雫がしたたる様子をパッケージに表現してはいけないというルールもあります。これは、消費者が商品の果汁含有量を誤解しないようにするための措置です。
しかし、なかにはこれらのルールを逸脱した表示をしている商品も存在し、消費者を誤解させる恐れがあります。健康を意識し、家族のために質の良い食品を選びたいと考えている主婦層やジュースを飲む子どもたちが、知らずのうちに損をしてしまう可能性があるのです。健康と食の安全を守るためには、疑問点をメーカーに問い合わせたり、消費者庁や食品安全委員会のWEBサイトを活用したりして、消費者自身が正確な情報を把握する必要があります。

Chapter
0
1
2
3
4
5
6

文 章を書く際、その対象読者によって内容を変える場合もあるでしょう。誰かに向けた文章を書くならば、読み手が理解できる文章でなければ意味がありません。ChatGPTに文章を作成してもらう場合、対象読者の指定は必ず行いましょう。また、年代だけでなく、「主婦（夫）」あるいは「会社員」といった立場によっても気になる言葉やトピックは異なります。対象読者を細かく指定することによって、よりイメージに近い文章を生成してもらうことができるでしょう。

+α 情報源を読み込ませる

　記事や文章を書く際、必ず何かの情報源をもとに文章を作成するはずです。ChatGPTに文章作成をしてもらうときも、ただ「○○をテーマに記事を書いて」と指示するのではなく、情報源を読み込ませることがポイントです。
　左のプロンプトのように情報が整理された箇条書きではなくとも、文章を読み込ませればOKです。ChatGPTはプロンプトで得た情報をうまくまとめて、新たな記事や文章に仕上げてくれるでしょう。
　また、読み込ませる文章が長文であるときは、ChatGPTの拡張機能である「Advanced Data Analysis」を使います。この機能をオンにするとファイルをアップロードできるようになるため、長文の書かれたテキストファイルやWordなどを読み込ませて、イメージに近い文章や記事を生成してみましょう。

53 WEBサイトのFAQを 考案してほしい

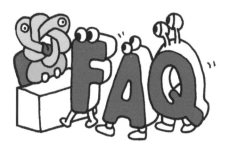

POINT

① WEBサイトの概要を明示する。

② 項目の用途を明示する。

③ 項目の数を指定し、 項目の検討を指示する。

USER

私の会社はECサイトでの商品やサービスの提供を中心に行っている。<u>①</u> <u>ホームページに載せる「サイト利用」に関するのQ&Aの項目</u><u>②</u>を<u>3つ考えて</u><u>③</u> ほしい。

ChatGPT

以下は、ECサイトの利用に関するQ&A項目の一例です。

1. オンラインショッピングに関するQ&A：
   ・注文のキャンセルや変更方法はありますか？
   ・商品の返品や交換について教えてください。
   ・支払い方法は何種類利用できますか？
   ・配送までの所要時間はどのくらいですか？
   ・商品の在庫状況を確認する方法はありますか？

2. アカウントとセキュリティに関するQ&A：
   ・アカウントの作成方法を教えてください。
   ・パスワードを忘れた場合、どうすれば再設定できますか？
   ・アカウントのセキュリティ対策はどのようになっていますか？
   ・個人情報の保護についてどのような対策を取っていますか？
   ・不正アクセスへの対策はありますか？

ホームページやWEBサイトに掲載されているFAQとは、「よくある質問とそれに対応する回答」のことです。FAQを掲載することによって、問い合わせ対応の煩雑化を防ぎ、ユーザビリティの向上やそれに伴う顧客満足度の向上が期待できます。

商品を販売する側の立場となると、当然商品のことを良く理解しているため、案外初見の利用者が感じるような疑問に盲目的になりがちです。そんなときに、ChatGPTを活用して商品に対する質問を考えてもらえば、ユーザー目線の疑問や意見を反映したFAQを作成することができます。

FAQ作成
プロンプトのバリエーション例

カスタマーがサービスを解約したい場合のQ&Aを作成してください。

登録済の郵送先の変更を求められたときのQ&Aを加えてください。

+α　FAQページのデータをマーケティングに活用

FAQページを設けるメリットのひとつは、ページのデータ分析を**マーケティング**に活かせることです。

例えば、閲覧数の多いFAQページの内容が何なのか、FAQページの内容を変えたことで問い合わせが増えたのか、減ったのか。これらのデータを精査することで、新たなカスタマーのニーズを発見することができれば、商品やサービスの品質改善につながります。そのためには、**カスタマーが何を求めてサイトを訪問したかを正しく理解することが重要**です。

そのうえで、集まった質問を最適化しながら、質問項目を必要に応じて拡充していくことが大切です。

Q&Aのカテゴリー分けや問い合わせフォームの内容など、ユーザーが直感的に操作できるページデザインも重要です。「**カテゴリーの案を出してほしい**」「**適切な質問の項目数はいくつですか？**」などと聞くことでFAQページの改善を重ねていくことができます。

活用術

会話データからその人の
会話傾向を分析してほしい

P
POINT

① 会話データの概要を明示する。

② 相手を指定して傾向を教えてと指示する。

③ 会話データを入力する。

USER

以下のテープ起こしは記者（山中）が専門家である佐藤先生に経済の動
向を聞いたものです。<u>②</u> 佐藤先生の会話の傾向を教えてください。

③
山中：佐藤先生、今日はお時間をいただきありがとうございます。最近の経済の
動向について、専門家としての見解を教えていただきたいです。
佐藤：お招きいただきありがとうございます。まず、現在の経済は、デジタル変
革や環境問題、そして新型ウィルスの影響で大きな変動が見られます。（以下略）

AI
ChatGPT

このテープ起こしからは、佐藤先生の会話の傾向がいくつか読み取れます。

1. 知識豊富でわかりやすい説明：佐藤先生は経済の専門家として、デジタル変革や環境問
   題、新型ウィルスの影響などについて豊富な知識を持ち、それをわかりやすい言葉で説
   明しています。

2. 経済とほかの要因の関連性に注目：佐藤先生は経済を単独の要因としてだけでなく、（中
   略）総合的に見て、佐藤先生は経済に関する幅広い知識を持ち、その知識をわかりやす
   い言葉で伝えることに熱心であり、経済の動向に対する楽観的な面と慎重な面をバラン
   スよく考慮しています。また、情報提供への貢献意欲が高いことも特徴的です。

USER
次の取材にこの傾向を役立てたいです。
どのような対応をすればよいでしょうか。

✦ ✉ 傾向分析を取材に役立てる ···········

傾向をもとに、次の取材で質の高い情報を引き出すにはどのような取材をすればよいか聞くことができます。追加のプロンプトでさらに情報をもらいましょう。

ChatGPT
佐藤先生の傾向を役立てるために、以下の対応策を検討することが重要です。

1. 事前の質問リストの準備：佐藤先生の豊富な知識を最大限に活かすために、事前に取材のテーマに関する質問リストを準備しましょう。特に、デジタル変革、環境問題、新型ウィルスの影響などについて深く掘り下げる質問を用意しておくとよいでしょう。
2. 関連する要因を探求：佐藤先生の意見を引き出す際に、彼が経済に与える影響を考える際にどのようにほかの要因を考慮しているかを深く探求しましょう。例えば、デジタル変革が産業構造に与える影響について詳しく聞いてみるとよいでしょう。
3. ポジティブとネガティブの両面を尋ねる：佐藤先生がビジネスチャンスとリスクの両面を考えていることを踏まえた質問を用意しておきましょう。

これらの対応策を踏まえながら、佐藤先生の専門知識を最大限に引き出し、幅広い視点で経済の動向について取材できるように工夫してください。

会 話データから取材相手の会話の傾向を読み取り、記事の作成やデータ集めに役立てることができます。会話データの内容と分析のターゲットを明確にしたうえで、「会話傾向を教えてほしい」と指示すると、会話の傾向を分析してもらうことができます。相手がどのような人なのか、どのような部分に気を使って会話をしているのかを知ることで、情報の信頼度や会話内容のバランスを把握できます。

+α 会話データを分析し質の高い取材結果を得る

話し言葉には人それぞれ傾向が生じます。話し言葉の傾向をいくつか知っておくと、取材などで相手と対話する場面で役に立ちます。

例えば、質問に対して雑談を交えて回答をする傾向がある人と対話していると、一見論点が見えづらくなることがありますが、そうした具体例やエピソードのなかに案外重要な情報が紛れていたり、何気なく発した一言が当人の考えを色濃く反映しているケースがあったりします。そのため、雑談こそよく注意して話を聞く姿勢が大事です。

一方で、質問に対して淡々と回答する人の場合、論点を把握することは簡単ですが、背景や根拠、思考のプロセスなど＋αの情報を得ることが難しくなります。質問のバリエーションを増やして対応したり、回答についてのエピソードを引き出したりしましょう。

「Advanced Data Analysis」を使って文字起こしを読み込ませて傾向を把握し、また対策を練ってもらうことで、取材や対話の密度を高めることができます。

活用術

55 アンケートの項目を考案してほしい

POINT

① 自分の職業を明示する。

② 項目数を指定し、項目の作成を指示する。

③ アンケート内容を入力する。

USER

私は飲食店を経営しています。① 以下のアンケート内容に合わせて項目を作成してほしい。全部で10個出して。②

③
- ・接客の仕方
- ・営業の評価
- ・料理の評価

ChatGPT

アンケートの項目を作成します。以下は、あなたの飲食店に関連する項目です。

1. 接客の仕方

　スタッフの対応はどうでしたか？

　待ち時間やオーダーの受け付けについて満足でしたか？

　スタッフの態度や笑顔は好感が持てましたか？

2. 営業の評価

　店内の雰囲気やデコレーションについてどう思いましたか？

　メニューのご案内について満足でしたか？

　サービスのスピードや効率についてどう感じましたか？

⋮

このような項目をアンケートに含めることで、顧客からのフィードバックや改善点を収集することができます。

USER
どのようなシーンで来店したかも
アンケートの項目に入れてほしい。

✧₊⊡ 客の属性や来店のシーンも把握する …
回答の意味をより深く正確に分析するためには、回答した人がどのような属性で、誰と一緒に、どのような背景で来店したかなども聞いてみるといいでしょう。

ChatGPT
以下は、追加の項目を含めたアンケートの項目です。

1. 性別
　男性
　女性
　そのほか
2. 来店のシーン（複数選択可）
　友人との食事
　家族との食事
　デート
　仕事の打ち合わせ
　そのほか

消 費者向けのアンケートは、例えば業績マンネリ化の原因がどこにあるのか、あるいは店の強みが何であるかを発見できる好材料です。アンケートのサンプル数（回答率）を高めるには、質問の項目が一読してわかりやすいものであることが必須です。ChatGPTに入力する際には答える側が迷うようなあいまいな質問は避け、できるだけ選択式にすることで、回答のハードルを下げるようにしましょう。

+α　アンケートの意図を確認する

　アンケート項目を設定する際、その意図をきちんと把握しておくことが重要です。**顧客の満足度を調べる、売上向上のヒントを得る、顧客の行動を数字で裏付ける**など、アンケートを実施する理由にはさまざまなものがあります。

　まず、アンケートの「目的」を明確にすることで、アンケートのターゲットや方法、有効な質問を設定することができます。

　そのためにも、ChatGPTの挙げた項目に対して、「このアンケートの項目はどういう意図か」と適宜確認するようにしましょう。質問の意図がわからないと、アンケート結果を商品、サービスに反映することはできません。アンケート結果を正しく分析するためにも欠かせない工程です。

　また、アンケートの方法は、卓上に置いた紙に直接書いてもらう慣れ親しんだ方法のほかに、最近ではデジタルデバイスを用いる方法も一般化しつつあります。デバイスの利用に抵抗のない若年層が多い店舗であれば、ネット環境を利用したアンケートのほうが回答率の向上が期待できますし、回答のすべてが瞬時にデータ化できるので、後の統計・分析においても便利です。

アンケート結果からわかる傾向を分析してほしい

POINT

①アンケートの内容を明示する。

②アンケート結果を分析するよう指示する。

③アンケートの質問内容と答えを入力する。

USER

少子高齢化についてのアンケート①を取った。下記が質問内容と答えである。このアンケートからわかる傾向を分析してほしい。②

> 質問：少子高齢化とは何ですか？
> 答え：少子高齢化とは、出生率の低下と高齢人口の増加が進み、人口構成が若年層から高齢層へと移行する現象を訪れることです。
> ③ 質問：少子高齢化の主な原因は何ですか？
> 答え：少子高齢化の主な原因は、晩婚化、晩産化、経済的不安定懸念、女性の社会進出、核家族化、都市化、高齢者の健康管理の改善など複数の課題があります。（以下略）

ChatGPT

このアンケートからは、少子高齢化について以下のような傾向が分析できます：

1. 少子高齢化の定義と原因：

少子高齢化は、出生率の低下と高齢人口の増加により、人口構成が若年層から高齢層へと移行する現象です。少子高齢化の主な原因として、晩婚化、晩産化、経済的不安定懸念、女性の社会進出、核家族化、都市化、高齢者の健康管理の改善などが挙げられます。（中略）

これらの情報から、少子高齢化は社会的・経済的な問題であり、対策は出生率の向上や労働力の活用、医療・介護制度の改革など幅広い分野で行われていることがわかります。

USER
政府が少子高齢化を改善できなかった理由も3つ添えて。

✦☆ ✉ 原因や改善策を深掘りする ‥‥‥‥‥

そもそも少子高齢化の波をこれまでとどめることができなかった理由をもっと詳しく知りたい場合は、そこも含めてChatGPTに尋ねてみることで、より深い分析が可能になります。

‥‥‥‥‥‥‥‥‥‥‥‥‥‥‥‥‥‥‥

ChatGPT
政府が少子高齢化を改善できなかった理由は以下のようなものが考えられます：

1. 構造的な問題と時間の経過：少子高齢化は長期的な現象であり、その対策には時間と継続的な取り組みが必要です。政府の政策はしばしば選挙周期や短期的な目標にフォーカスしてしまい、少子高齢化の問題に対する継続的な戦略が欠けることがあります。

2. 社会的な変化への対応の遅れ：少子高齢化は複雑な社会的要因によって引き起こされるため、政府の対策は個々の変化やニーズに迅速に対応する必要があります。しかし、政府の決定プロセスや官僚制度の遅さ、既存の社会制度や文化に対する適応の遅れなどがあり、対策の実施が遅れることがあります。

3. 財政的な制約と優先順位の問題：少子高齢化に対する政府の対策は多岐にわたり、財政的な負担が大きいことがあります。政府は限られた予算を効果的に配分する必要があり、他の重要な政策課題との優先順位を考慮する必要があります。財政的な制約や政治的な意思決定の過程により、少子高齢化対策の実施が十分に行われない場合があります。

ア ンケートの集計結果をどう分析すれば良いか悩む経営者も多いことでしょう。まずはどんなテーマでアンケートをとったのか、そこで得られた主な回答を箇条書きで書いたうえで、「アンケート結果を分析をしてほしい」と伝えてみてください。入力する回答によってChatGPTからの返答は変化するため、何度か繰り返してそれらを並べて比較してみることで、今まで気づかなかった課題が浮かび上がってくるかもしれません。

+α アンケートの分類にも活用できる

アンケートなどの市場調査で得られた回答や情報は、顧客、または潜在顧客の思っていることです。商品やサービスの開発・改善などのニーズ、または自社の課題が見えてくるでしょう。

ただし、膨大な数のアンケート結果が得られた場合には、その結果に目を通して、分析するだけでも時間がかかってしまいます。こうした作業はChatGPTに行ってもらいましょう。

「Advanced Data Analysis」を利用してChatGPTに数値が記載されたExcelなどを読み込ませれば、結果のグラフ化や結果からわかることの分析を行ってくれます。

ひとつの質問に対して複数の回答がある場合は、回答をまとめたWordを読み込ませるのがおすすめです。「良い意見と悪い意見に分類して」などと指示すれば、そのように分類してくれるでしょう。

すべての結果に目を通さずとも、アンケート結果を素早く把握することができます。

活用術

57 WEBサイト制作用のコードを書いてほしい

POINT

① WEBサイトの目的を明示する。

② コードを書くように指示する。

③ 条件や希望を明示する。

USER

就活の採用サイトのコードを書いてほしい。シンプルでわかりやすいサイト構造にして。
①　　　　　　　　　　　　②　　　　　　　　　　　　　　　　　　　　
③

ChatGPT

ウェブサイトの制作には多くの要素が関わってきますが、ここでは簡単な就活情報サイトのHTMLとCSSを例として提供します。この例では、Bootstrapを使用してレスポンシブデザインを実現し、使いやすくシンプルなデザインを心がけています。

まず、HTMLの基本構造から始めましょう。

```html
<!DOCTYPE html>
<html lang="en">
<head>
  <meta charset="UTF-8">
  <meta http-equiv="X-UA-Compatible" content="IE=edge">
  <meta name="viewport" content="width=device-width, initial-scale=1.0">
  <link rel="stylesheet" href="https://stackpath.bootstrapcdn.com/bootstrap/
  <title>就活ナビ</title>
</head>
```

```
        <p>&copy; 2023 就活ナビ</p>
    </footer>


    <script src="https://code.jquery.com/jquery-3.3.1.slim.
    <script src="https://cdnjs.cloudflare.com/ajax/libs/pop
    <script src="https://stackpath.bootstrapcdn.com/bootstr
    </body>
    </html>
```

このコードは、Bootstrapを使用して基本的なナビゲーションバーとフッターを持つWEBページを作成します。求人情報などのコンテンツは「最新の求人情報」セクションに追加していくことができます。デザインのカスタマイズや追加機能の実装には、さらに詳細なコードの記述が必要です。具体的な要件や機能に応じて、HTML、CSS、JavaScriptを追加・修正していくことで、より使いやすく、効率的なWEBサイトを制作することが可能です。

WEBサイトを作る際、まずはサイトの目的やターゲット層、デザインイメージなどを決めていきます。ChatGPTにコードを書いてもらう際にも、そうした情報を細かく伝えることで、イメージに近いサイト構成やコードを出力してくれるでしょう。

単に閲覧が目的のサイトならシンプルな構成になりますが、例えば就活用のサイトなら応募フォームが必要になったり、ECサイトなら買い物カゴや決済といった機能が必要になったりします。そうした機能を構成に反映させるためにも、目的の明示は必須です。

コード作成の
プロンプトのバリエーション例

サイトの階層はなるべく少なめに、
レイアウトもシンプルにしてほしい。

最近のWEBサイトのトレンドを反映した
ページ構成を提案して。

+α サイトマップを作成してもらう

WEBサイトの作成において、まずはページ構成などを固めたいという場合は、ChatGPTにサイトマップを作ってもらいましょう。

サイト概要や目的、ターゲット、入れ込みたいページなどを指定すると、それに沿ったサイトマップを作成してくれます。足りない項目などは追加のプロンプトで指定すれば良いでしょう。

そして、このサイトマップを作成したうえでコードを作成してもらえば、よりイメージに近いサイトを作れる可能性が高まります。また、出力されたコードをたたき台にして自分で修正していけば、作業が各段に早くなります。

サイトを実装した結果、エラーが出た場合は改善点なども見つけてくれるため、ChatGPTをフル活用して高度な作業を素早くこなしましょう。

より自然な文章にしたい

プロンプトの工夫をしよう

ChatGPTには自然言語処理の能力が備わっており、作成する文章は完成度が高いといえます。特に人と会話をしているかのような自然な流れでの会話でやりとりできる点は、従来のAIツールと一線を画すところでしょう。しかし、精度の低い文章を生成してしまうこともしばしば。より自然な文章で出力してもらうには、どのようにすれば良いでしょうか。

1つめの方法として、プロンプトでしっかりと指示をすることが挙げられます。これまでも解説している通り、ChatGPTに何をしてほしいのか、目的を明確にして指示をしましょう。

2つめはプロンプトに英語を使うこと。ChatGPTは英語の文章を最も多く学習しているため、どの言語よりも精度が高いといえるでしょう。二度手間になってしまいますが、一度ChatGPTに翻訳してもらってから、回答を得る方法を試してみると良いかもしれません。

3つめは指摘をすること。ChatGPTが精度の低い文章を出力したら、どこがどのように変なのか、具体的に指示して修正してもらいましょう。ChatGPTは同じスレッド内であれば会話を蓄積していくので、こうした指摘も学習してくれます。さらに、やり直しを命じる「Regenerate」（再生）ボタンを押すこと

で、イメージに近づくまで何度も出力をさせ直すこともできます。

4つめは有料版のChatGPT Plusを利用すること。無料版ではGPT-3.5が利用されているのに対し、有料版ではGPT-4が選択可能になります（2023年9月時点）。性能が上がっている分、より自然な文章を生成する可能性が高く、最も手っ取り早い方法です。ただし、文章の生成に少し時間がかかってしまう点には注意しましょう。

プラグイン「Prompt Perfect」

また、ChatGPT Plusを利用しているなら、プラグインも使ってみましょう。プラグイン「Prompt Perfect」は、プロンプトを最適な文章に変換して指示してくれるものです。プロンプトとして入力したテキストの最後に「perfect」と追記すればOK。あとは自動的に最適な文章へと変換してくれます。例えば、「よく眠れる方法を教えてくださいperfect」と指示を出した場合、「よく眠れる方法について、最も正確で包括的かつ高品質な回答を教えてください」といったプロンプトに変換され、そのプロンプトに対する回答が出力されます。要するに質問がより明確になるよう、変換してくれるのです。ただし、出力はすべて英語になるため、日本語での回答がほしい場合は、翻訳をしなければいけません。

Chapter
4

(ビジネスの知識を補強する)
ための活用術

活用術

58　WEBブラウジング機能を使って 最新情報を入手したい

POINT

▶プラグイン「WebPilot」を選択する。

① 知りたい情報を明示する。

② 教えてほしいと指示する。

USER

最新のドル円について①の情報を教えて②ほしい。

ChatGPT

最新のドル円為替レートについての情報は以下の通りです：

・1ドル＝149.84円

・日付と時間：2023年10月25日 05:53 UTC

この情報はこちらのWEBサイトから取得されました。為替レートは常に変動しているため、リアルタイムの情報を得るためには直接WEBサイトを確認することをおすすめします。

有 料版ChatGPTで利用できるプラグイン「WebPilot」を使えば、**WEBから最新の情報を取得する**ことができます。ChatGPT（GPT-3.5）は2021年9月で情報がカットオフされているため、WebPilotを使うことで目下の最新情報を得やすくなります。このプラグインを利用してマーケティングを有利にしましょう。

情報を入手したいときは、必ず期間も設定しましょう。その期間から得たい情報を探してくれます。**得たデータをそのままChatGPTに分析をさせることもできます。**

✦ ✉ 得た情報を表にまとめる ....

ChatGPT を使って、情報を表にまとめることができます。追加のプロンプトで指示を出して、最初に得た情報を表にしてみましょう。

....

USER
1カ月前から最新までのドル円の情報を
表にまとめてほしい。

ChatGPT
以下は、過去1カ月間のドル円の履歴データを表にまとめたものです：

日付	価格	開始価格	最高	最低	変動率
08/15/2023	145.46	145.44	145.60	145.32	－ 0.05%
08/14/2023	145.54	144.99	145.60	144.66	＋ 0.47%
08/13/2023	144.85	144.99	145.04	144.82	－ 0.07%
08/11/2023	144.96	144.73	145.05	144.42	＋ 0.16%
08/10/2023	144.73	143.73	144.83	143.29	＋ 0.70%
08/09/2023	143.72	143.38	143.79	142.99	＋ 0.24%
08/08/2023	143.37	142.48	143.51	142.40	＋ 0.62%
07/10/2023	139.81	139.71	139.15	137.70	＋ 0.07%

このデータは、Investing.com から取得されました。

最新情報入手の
プロンプトのバリエーション例

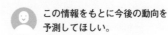
この情報をもとに今後の動向を
予測してほしい。

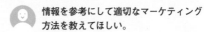
情報を参考にして適切なマーケティング
方法を教えてほしい。

+α **最新情報を得て市場調査を行える**

プラグイン「WebPilot」を利用し、期間を定めると、その期間内の情報を取得することができます。その情報を使って ChatGPT に表やグラフを作成してもらうことで、情報を整理することが可能です。作成された表やグラフは Excel やスプレッドシートに添付して保存することもできますし、さらに、そこから今後の動向を予測してもらうことも可能です。引用元も表示されるので、データの照合も容易です。

ほかにも、URL を指定して「この記事を要約して」と指示することで、指定したサイトの情報を要約してもらうこともできます。

マーケティングや企画立案を行う際には、フレームワークを用いた商品や市場の分析、市場のニーズやターゲットの情報把握が非常に重要です。プラグインを使用して最新情報を効率良く収集し、円滑にマーケティングや企画の立案を進めましょう。

Chapter
0
1
2
3
4
5
6

活用術

59　顧客行動の傾向を分析してほしい

①自分の立場を明示する。

②顧客行動の分析をしてほしいと指示する。

③分析してほしい内容を入力する。

USER

私は**不動産会社に勤めています**①。以下は、ある顧客の行動の内容です。ここから**顧客行動の分析をしてほしい**②。

③
・受付段階で手数料の了承をしたのに、契約直前に手数料の交渉をされる
・高圧的で失礼な態度をされる

ChatGPT

提供していただいた顧客の行動に基づいて、以下のような分析を行うことができます。

1. 受付段階での手数料の了承と契約直前の交渉：
   ・顧客は最初に手数料についての情報を正確に理解していなかった可能性があります。受付段階では把握不足で手数料に同意したが、契約直前になって実際の金額や条件を再確認したのかもしれません。
   ・顧客は交渉の余地があることを知っており、受付段階では手数料に同意したが、契約直前になってより好ましい条件を交渉しようとした可能性があります。

2. 高圧的で失礼な態度：
   ・顧客はコミュニケーションスキルやビジネスエチケットに関して十分な意識を持っていない可能性があります。
   ・顧客は不満やストレスを感じており、それが彼らの態度に反映されている可能性があります。

USER
顧客の行動に対するより具体的な対処法
を知りたい。

ChatGPT
顧客の行動に対する具体的な対処法を以下に示します。

1. 受付段階での手数料の了承と契約直前の交渉：
   - 事前に明確な手数料の説明と同意を得るように努めます。受付時に手数料についての文書を提供し、顧客に納得して署名させることで、後での交渉を防ぐことができます。
   - 契約直前に手数料の交渉が行われた場合、顧客の要望を丁寧に聞き、状況に応じて柔軟に対応します。双方が妥協できる解決策を見つけるために、交渉の余地や他のオプションを提案することが重要です。

2. 高圧的で失礼な態度：
   - 高圧的で失礼な態度を相手がしてきた場合でも、冷静でプロフェッショナルな対応を継続します。感情的にならず、相手を尊重して対話を続けるようにします。
   - 顧客の不満や問題を真剣に受け止め、適切な解決策を提供することで、状況を改善することができます。丁寧な言葉遣いや共感を示す表現を使い、コミュニケーションを円滑に進めます。

✦ ✉ 解決策も合わせて模索する ⋯⋯⋯⋯⋯
顧客の行動の背景が見えてきたら、それらの問題に対処するための具体的な方法についても調べてみましょう。

顧 客に商品やサービスを購入・利用してもらうためには、より良い商品やサービスを提供するだけでなく、**顧客の行動や心理を把握する必要があります。** そこで、顧客の行動をChatGPTに分析させてみましょう。

店舗に来店する顧客の行動のうち、顧客の多くに見られる行動や気になる行動をプロンプトに入力すると、その行動に至った心理などを分析してくれます。

+α 対応策を聞いてみる

　顧客の行動や心理を知るだけでは直接的な接客スキルの向上にはつながりません。また、接客スキルが向上しても、商品の購入やサービスの利用につなげなければ会社としては意味がありません。そこで、顧客の行動への対応策をChatGPTに聞いてみましょう。

　直前の出力で得られた回答をもとに、「**それらの行動に対する対処法を教えて**」と指示すればOKです。ただし、出力された対処法だけでは不十分であることもあるので、参考にしながら各会社や店舗に合わせた対処法を作成すると良いでしょう。

　この方法を利用し、よりスムーズな注文・購入の対応やクレーム対応など、具体的な顧客行動への対処法をChatGPTに聞くことができます。

活用術

60

どの公的資料に情報が
掲載されているのか知りたい

POINT

① 何の情報を知りたいのか明示する。

② 公的資料から情報を得たいことを
　明示する。

③ URLを教えてほしいと指示する。

USER

<u>日本のインバウンドの状況を知りたい</u>①。また、インバウンド情報が<u>どの</u>
<u>公的資料に掲載されているのか</u>②と、その<u>URLも教えて</u>③ほしい。

ChatGPT

日本のインバウンド状況

・コロナ禍の影響：新型コロナウイルスの影響で国際観光が大きく減少しました。その後、
　徐々に回復傾向にあるとされていますが、パンデミック前の水準にはまだ達していない可
　能性があります。

・ビザポリシー：日本政府は入国制限を段階的に緩和しているとされていますが、国によっ
　てはまだビザが必要な場合があります。

・人気観光地：東京、京都、大阪などの大都市や、富士山、奈良、広島などの歴史的・自然
　的な観光地は引き続き人気があります。

インバウンド情報の公的資料とURL
インバウンド観光の統計や情報は、以下の公的機関のウェブサイトで提供されています。

1. 日本政府観光局（JNTO）：日本への訪問者数や市場別の統計情報、観光に関するレポート
　 などが提供されています。
　 URL：https://www.jnto.go.jp/

2. 観光庁：日本の観光政策や統計情報、観光に関する各種データが提供されています。
　 URL：https://www.mlit.go.jp/kankocho/

USER
東アジア地域に関するインバウンド状況
についての情報を教えてほしい。

ChatGPT
以下に東アジア地域のインバウンド状況についてまとめてみました。

1. 中国
   ・コロナ禍の影響：新型コロナウイルスの影響で観光業が大打撃を受けました。その後、
   徐々に回復しているとされていますが、政府の厳格なコロナ対策が続いている可能性が
   あります。
   ・人気観光地：北京、上海、西安、広州などの大都市や、万里の長城、故宮、兵馬俑など
   の歴史的な観光地が引き続き人気です。
   ・中国国家旅游局：https://www.mct.gov.cn/
2. 韓国
   ・コロナ禍の影響：韓国は比較的早い段階でコロナ対策を進め、インバウンド観光の回復
   が期待されています。
   ・人気観光地：ソウル、釜山、済州島などが人気で、歴史や自然の観光地が多くあります。
   ・韓国観光公社：https://kto.visitkorea.or.kr/

✦✉ 情報のカテゴリを絞り込む ……………
インバウンド情報の中から、特に知りたいと考えて
いるカテゴリーがあるならば、その旨をchatGPTに
伝えたうえで、さらに詳しく絞り込んでみましょう。

公 的な統計やデータに関しては、関連省
庁・機関などのホームページ上で公開さ
れており、誰もが閲覧できます。
しかし、膨大な数のデータやファイルが存在す
るため、必要なデータを見分けることが難しい

場合もあります。そんなとき、ChatGPTに必要
なデータをまとめて調べてもらいましょう。
「URLも教えて」と指示すれば、情報源にもあ
たることが可能です。

+α 情報収集するときは、拡張機能を使おう

ChatGPT（GPT-3.5）は2021年9月までの情報しか
学習していないため（2023年9月現在）、出力された
統計やデータが最新版ではないことがあります。実
際に「最新の統計を教えて」と指示しても、「私のデ
ータベースは2021年9月までの情報に基づいており、
最新の統計情報や公的資料への直接リンクは提供で
きません」といった回答がくることもしばしばです。

そこで、P.146でも紹介したプラグイン「WebPilot」
や有料版のWEBブラウジング機能（2023年9月現
在）を利用することで最新情報を手に入れられます。
ChatGPTで情報収集する際には、こうした拡張機能
を積極的に使いたいところです。
　ただし、拡張機能を使った場合でも最新情報であ
るかの確認は怠らないようにしましょう。

61 商品利用者のペルソナを考えてほしい

P O I N T

① 対象を明示する。

② ペルソナの考案を指示する。

③ 商品の概要を入力する。

USER
以下の<u>商品</u>の<u>顧客のペルソナを考えてほしい</u>。①　②

美容サプリメント。利用者の特徴としては、20代から40代の女性が特に多く、摂取期間が長ければ長いほど作用を実感している人の割合が多い。健康や美容を目的として飲んでいる方が多い。社会人なら手が届きやすい価格を心掛けている。

AI
ChatGPT
商品利用者のペルソナを作成するために、以下の特徴や傾向を考慮しました。

名前：メリッサ

年齢：30代後半

性別：女性

職業：フルタイムで働く専門職

興味・関心：

1. 健康と美容：自分自身の健康と美容に対する関心が高い。長期的な健康維持と若々しさの保持を重視しており、サプリメントを摂取することでこれらの目標をサポートしようと考えている。

2. 長期摂取：サプリメントの効果を実感するために長期間の摂取を継続している。短期的な結果だけでなく、時間をかけて体に変化をもたらすことを望んでいる。

Next Step ≫ もっとよくする！

✦ ✉ **別のペルソナを作成する** ················

ターゲット層から外れている人物やあまりに現実味のない人物が設定されることがあります。「利用者として想定される典型的な人」を前提に、より的確なペルソナを設定しましょう。

👤 **USER**
健康に不安を抱える40代～50代の日本人男性のペルソナも考えてほしい。

Ａ **ChatGPT**
名前：佐藤健太郎（さとうけんたろう）
年齢：45歳
性別：男性
職業：サラリーマン
興味・関心：

1. 健康維持：健康維持に強い関心を持っている。40代から50代の健康リスクについて心配しており、将来の健康を保つための努力を積極的に行っています。
2. メタボリックシンドローム予防：メタボリックシンドローム（内臓脂肪症候群）のリスクに気をつけている。彼はウエスト周りの脂肪蓄積や血糖値の上昇を予防するためのサプリメントを探している。

ペ ルソナとは、商品やサービスの「典型的な顧客像」を意味するもので、マーケティング戦略を考えるうえで欠かせない概念です。ターゲット層というと、しばしば「20代男性」などと大枠で括られがちですが、ペルソナは「東京23区在住、人材派遣会社の情報管理部門に配属されているひとり暮らしの32歳男性」というように、人物像を細部まで設定します。

ChatGPTに商品詳細や顧客ニーズを指定することで、まるで実在しているかのように詳細な人物像を作り上げてくれます。

+α ペルソナを設定してマーケティングに活用する

「ペルソナ」は、スイス心理学者のユングが提唱した言葉です。「仮面」を意味する言葉から生まれ、人間の「外的側面」や「内面に潜む自分」を意味します。これが転じてさまざまな分野でもペルソナが使われるようになりました。

マーケティングにおいては、自社の商品やサービスを利用する架空の人物像を具体的なイメージにしたものを意味します。ペルソナ設定を行い、「存在しそうな個人」を作り上げ、顧客の行動パターンなども設定し、そこからニーズを分析する手法はマーケティングで重要視されている概念です。マーケティング分野では「ターゲット」という言葉もよく使われますが、商品・サービスの顧客像を設定するという点では同じです。しかし、ペルソナのほうがより詳細に顧客像を設定したものといえます。

ペルソナを設定することで、メンバー間で共通の顧客像を共有することができます。認識のズレが発生しづらくなることで、議論の活性化につながるだけでなく、顧客に寄り添った商品・サービスの開発がしやすくなります。設定したペルソナのニーズを洗い出し、それを満たすような商品・サービスの設計をすることで、完成度や顧客満足度の向上にもつながるでしょう。

活用術

62 商品の市場規模を教えてほしい

POINT

① 規模を知りたい市場を指定する。

② フェルミ推定で教えてほしいと指示する。

③ 参考にしてほしい情報を入力する。

USER

日本におけるオーディオ機器の市場規模①について、以下の情報を参考にフェルミ推定②で教えてほしい。

③
国民総人口：1億2千万人
世帯数：約5000万世帯
労働力人口：約6000万人（令和2年11月現在）

ChatGPT

オーディオ機器の市場規模をフェルミ推定によって算出するために、いくつかの前提条件と基本的な仮定を設定します。フェルミ推定は簡略化された方法であるため、正確な市場規模を示すものではありませんが、おおよそのアイデアを提供するのに役立ちます。

1. 世帯数と平均機器数：まず、平均的な日本の世帯が持つオーディオ機器の数を推定する必要があります。この数字は、個人や世帯ごとのオーディオ機器の所有状況に関する統計データに基づいていると仮定します。仮に、平均的な世帯が2つのオーディオ機器（例えば、スピーカーシステムやヘッドフォン）を持っていると仮定しましょう。

2. 平均価格：次に、オーディオ機器の平均価格を仮定します。これも正確な数値ではないため、おおまかな平均価格を考えましょう。例えば、1つのオーディオ機器の平均価格を10,000円としましょう。

3. 市場シェア：日本のオーディオ機器市場にはさまざまなメーカーとブランドが参入しています。市場全体での各メーカーの市場シェアを考慮する必要があります。ここでは、市

場全体の中での特定のメーカーのシェアは20%と仮定しましょう。

市場規模のフェルミ推定：
・世帯数：約5,000万世帯
・平均的な世帯あたりのオーディオ機器数：2台
・平均価格：10,000円
・メーカーの市場シェア：20%

市場規模＝世帯数×世帯あたりのオーディオ機器数×平均価格×メーカーの市場シェア
市場規模＝5,000万世帯×2台／世帯×10,000円／台×0.2
市場規模＝1,000,000,000,000円

したがって、オーディオ機器の市場規模はおおよそ1兆円（約1兆円）と推定できます。この推定は、単純化された計算に基づいており、実際の市場規模には多くの要因が影響しますが、おおよそのアイデアを提供するものと考えてください。

市場規模について、フェルミ推定で概算を出してもらうことができます。しかし、ChatGPT（GPT-3.5）は2021年9月までの情報しかないため（2023年9月現在）、推定に必要な最新情報は適宜調整する必要があります。マーケットとフェルミ推定に使用する数値や推定するターゲット人口をプロンプトで指定しましょう。計算方法と仮定した数字、推定の結果を一緒に出力してくれます。

+α 最新の数値を提供してフェルミ推定を行う

事業計画を立てる際、データが不十分な状況で販売計画などを立てなければならないことがあります。例えば、放置自転車を有効活用する計画を立てる場合、国内に放置自転車が何台あるのか、概算を知っておく必要がありますが、実際に放置自転車がどのくらいあるのかカウントするのは事実上不可能といえます。しかし、台数がまったくわからない状態では、事業計画は立てられません。

こうした場合に用いられるのが、**フェルミ推定**です。フェルミ推定とは、実際に調査することが難しい量を、その量に関連する数値などを手がかりにして論理的に推論し、概算する方法です。上記の放置自転車の例でいえば、放置自転車が多い駅の数を数える、行政が公開している放置自転車の撤去台数などを調べるなどしてデータを集め、そこから全国に何台放置されているかを推計します。

今回の例では日本の人口を参考に、ほかの部分は仮定で推定してもらいましたが、具体的なデータが多いほうがより正確な推定結果を得ることができます。GPT-3.5は2021年9月までの情報しか持っていないため、自身で最新のデータを探して提供することで、より正確に算出することができます。

活用術
63 商品の顧客ニーズを教えてほしい

P O I N T

① 商品を指定する。

② 顧客ニーズを教えてほしいと指示する。

③ 懸念点を明示する。

USER

ゲーミングパソコンほどスペックが高くない、家庭用デスクトップパソコンの**顧客ニーズを教えてほしい**。現在はノートパソコンを購入するのが主流ではないか。
①　　　　　　　　　　　　　　　　　　②　　　　　　　　　　　　　　③

ChatGPT

家庭用デスクトップパソコンの顧客ニーズは、ゲーミングパソコンとは異なり、高性能なスペックであることが主要な要求事項ではありません。以下は、一般的な家庭用デスクトップパソコンの顧客ニーズの一般的な側面です：

1. **一般的なコンピューティングタスク**：家庭用デスクトップパソコンの多くは、ウェブブラウジング、電子メール、文書作成、スプレッドシートの編集、動画ストリーミング、ソーシャルメディアの利用など、一般的なタスクに使用されます。顧客はこれらのタスクを快適に実行できる性能を求めますが、ゲーミングパソコンほど高機能は必要ありません。

2. **信頼性と耐久性**：一般的な家庭用パソコンのユーザーは、信頼性と耐久性を重視します。そのため、パソコンが長時間正常に動作し、故障や問題が少ないことが求められます。

顧 客ニーズを探るためには、アンケートの実施や購入データの分析などの作業が本来必要です。しかし、あまり時間や予算がない場合はChatGPTに「**顧客ニーズを教えて**」と指示を出してみましょう。もちろん、実際の調査や分析結果ではないため鵜呑みにはできませんが、**想定されるニーズを洗い出す**ことで、マーケティングにも役立つでしょう。

Next Step ≫ もっとよくする！

✦✉ ターゲット層を教えてもらう …………

教えてもらった顧客ニーズをもとに、ターゲット層や顧客のペルソナを作成してもらうこともできます。

USER
顧客ニーズとターゲット層を
まとめてください。

ChatGPT
家庭用デスクトップパソコンの顧客ニーズとターゲット層をまとめると以下になります：
顧客ニーズ：
1. 日常的なタスクの実行（ウェブブラウジング、メール、文書処理など）
2. マルチメディアエンターテイメントでの利用（写真・ビデオ編集、音楽再生、ストリーミング）
3. オフィスワーク（ビデオ会議、文書作成、データベース管理など）
4. 家族で共有可能（セキュリティとプライバシーが重要）

ターゲット層：
1. 家庭での日常的なタスクやエンターテイメントを求める一般ユーザー
2. マルチメディア関連の作業や趣味を追求する人々
3. 在宅勤務やリモートワークを行うビジネスパーソン
4. 家族や複数のユーザーで利用するための共有コンピュータを探す人々

顧客のニーズの
プロンプトのバリエーション例

 ニーズを表に整理し、
一覧にしてまとめてほしい。

 ニーズをもとにして
アンケート項目を作成してほしい。

+α 多角的なマーケティング戦略を立てよう

　一口に「顧客ニーズ」といっても、たくさんのアプローチがあります。多様な視点からChatGPTに顧客ニーズをたずねて、多角的なマーケティング戦略を生かしてみましょう。

　マーケティング戦略のひとつとして、**市場調査**が必要です。**市場や業界がどのような成長を遂げているのか、また今後どのような発展をしていくのか**という予測をしてもらいます。それに関連し、**競合と**なる他社や商品・サービスの情報も教えてもらいましょう。顧客ニーズを分析し、自社の競争力を向上させるヒントを得ることができます。

　また、P.146で紹介したプラグイン「WebPilot」や有料版のWEBブラウジング機能（2023年9月現在）を利用し、最新トレンドや新しい技術の情報を得られます。市場や顧客ニーズの変化に柔軟に対応した戦略を立てることができるでしょう。

活用術

会社の財務が安定しているか
分析してほしい

P
POINT

① 会社の概要を明示する。

② 財務が安定しているかの分析を指示する。

③ 財務情報を箇条書きで入力する。

USER
以下は<u>EC事業を手がける会社の情報</u>①です。<u>財務が安定しているか分析してほしい。</u>②

③
・キャッシュフローを重視している会社
・売上高が前年同期比で5%増となった
・3年連続で売上高の増加率が5%を超えている
・利益率は1.7%、営業利益率は2.3%

ChatGPT
与えられた情報に基づいて、EC事業を手掛ける会社の財務の安定性を分析します。以下は各ポイントに関する考察です：

1. キャッシュフローを重視している会社：キャッシュフローの重視は財務の安定性にとって非常に重要です。これは、会社が収益を適切に管理し、適切なキャッシュフローを維持していることを示唆しています。ただし、具体的なキャッシュフロー数値が提供されていないため、詳細な分析は難しいです。

2. 売上高が前年同期比で5%増となった：売上高の増加は一般的にポジティブな兆候です。前年同期比で5%の増加は、事業が成長していることを示すものです。増加した売上高が持続可能かどうかは、他の要因も考慮する必要があります。

3. 3年連続で売上高の増加率が5%を超えている：3年連続で売上高が5%を超える増加率を維持することは、持続可能な成長を示唆します。ただし、他の要因（例：コスト管理、市場競争）も考慮する必要があります。

4. 利益率は1.7%、営業利益率は2.3%：利益率と営業利益率は低いように見えます。通常、高い利益率や営業利益率は財務の安定性を示す要因ですが、これらの数字が低い場合、収益と費用のバランスが課題となる可能性があります。利益率を向上させるために、コスト管理や価格戦略の見直しを検討する必要があるかもしれません。

総じて、売上高の成長率が良い兆候ではありますが、利益率と営業利益率が低いことから、財務の安定性については改善の余地があるかもしれません。持続可能な成長を実現し、同時に収益性を向上させるために、費用の効率化や収益の多様化などの戦略を検討することが重要です。また、具体的な財務データやキャッシュフローの詳細な分析が財務の健全性を確認するために役立つでしょう。

会社の売上推移の確認や、今後の展望を検討するうえで欠かせないのが決算書の確認です。ビジネスマンであれば決算書の読み方やそのポイントについて知っておきたいところですが、難しいものです。また、競合他社の決算書まで目を通すとなると、かなり時間がかかってしまいます。そこで、**ChatGPTに決算書の分析を行ってもらいましょう**。売上や利益などの簡単な情報をプロンプトに入力し、「財務分析をして」と指示しましょう。現状の問題点に加え、分析のポイントについて教えてくれます。

財務分析の
プロンプトのバリエーション例

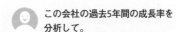
この会社の過去5年間の成長率を分析して。

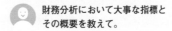
財務分析において大事な指標とその概要を教えて。

+α 決算書の読み方を教えてもらおう

　財務分析を行うには、決算書の数字を読み解かなければいけません。ただ、決算書に記載されている情報や数字はとても多く、読み方をマスターするには相当な時間が必要です。そこで、まずは決算書の読み方のポイントをChatGPTに聞いてみましょう。**基本的な経営指標とその概要などを教えてくれます**。経営指標とは、経営状況を数字で表したものです。その数字から会社がどのような財務状況にあるのか、つまり儲かっているのか、赤字なのかがわかります。

　また、有料版の「**Advanced Data Analysis**」という機能を利用すれば、ファイルのアップロードができます。上記で出力された指標をExcelやスプレッドシートをChatGPTに読み込ませて分析をお願いしても良いでしょう。財務分析は1年分のデータだけでは経営状況の判断が難しいこともあります。そのため、数年分のデータがあると、より精度の高い分析をしてもらうことができます。

活用術
65 決算短信の情報から業績の評価をしてほしい

POINT

① 情報の概要を明示する。

② 業績評価をしてほしい指示する。

③ 決算短信の情報を入力する。

USER

以下は株式会社グルメデライトの決算短信を簡単にまとめたもの①です。

この情報をもとに業績評価②をしてほしい。

> 2023年度第4四半期（2023年4月1日-2023年6月30日）
>
> 【業績の概要】
>
> 2023年度第4四半期において、株式会社グルメデライトは飲食業界において着実な成長を遂げました。新たなメニューの導入、効果的なマーケティング戦略の展開により、売上および利益の増加が実現しました。
>
> ③【連結業績】
>
> 売上高：前年同期比で15％増の21億円
>
> 前年同期比で1.5ポイント向上し、10％に達しました。
>
> 営業利益：4000万円
>
> 経営利益：3500万円
>
> 1株当たり四半期純利益：3円68銭

ChatGPT

株式会社グルメデライトの2023年度第4四半期の業績を評価します。

1. 売上高：2023年度第4四半期において、売上高は前年同期比で15％増の21億円となりました。企業の収益性と成長性に関して良い兆候を示しています。

2. 利益：営業利益は4000万円、経常利益は3500万円と報告されています。これらの数字は利益が確保されており、企業の経営効率が高いことを示しています。また、1株当たり四半期純利益が3円68銭と報告されています。

3. 成長と戦略：決算短信によれば、新メニューの導入や効果的なマーケティング戦略の展開が成功し、売上および利益の増加に貢献しました。これは、経営陣が成長に向けた計画を実行していることを示しています。

4. 総合的に、株式会社グルメデライトは2023年度第4四半期において堅調な業績を記録しました。売上高の増加率が15%という数字は非常に印象的であり、収益性も高い水準を保っています。また、利益も確保されており、経営の効率性が高いことが伺えます。企業は新メニューやマーケティング戦略などの成長戦略を成功させており、業績向上に成功しているようです。

ただし、業界や競争状況によっては、今後も競争を続け、成長を持続させる必要があるでしょう。また、キャッシュフローや負債についての情報が提供されていないため、より包括的な財務分析にはこれらの情報も含める必要があります。

決算短信をプロンプトに入力し、「業績評価をして」と指示すると、ChatGPTが評価してくれます。

決算短信とは、会社の決算内容をの要点をまとめた資料のことで、いわば決算書の速報ともいえます。会社の動きを文章でまとめていることもあるため、そうしたトピックスがわかる情報も入力しましょう。

業績評価の
プロンプトのバリエーション例

 過去10年間の売上と当期純利益の伸び率から業績を評価して。

+α 決算短信から今後の予測や分析ができる

決算短信とは、上場企業が発表する、企業の決算情報をまとめた情報のことです。決算内容は「有価証券報告書」で確認することもできますが、投資家に迅速に情報を知らせるため、証券会社が上場企業に対して開示を求めます。決算短信には、1年分の決算内容をまとめた「決算短信」と、四半期（3カ月）ごとの決算内容をまとめた「四半期決算短信」があります。

決算短信には、先頭に「サマリー情報」と呼ばれるページがあります。財政状況や成績、業績の見通しなどの文書や、財務諸表などの付属情報が添付されています。サマリー情報では、売上高や利益、純利益などの経営成績や財政状態、キャッシュフローの状況、配当状況、来季の業績予想が記載されており、企業の財政状態が一目でわかります。**特に重要なのは経営成績です。前期との利益・売上高の比較、来期の売上高や利益の予測が記載されており、企業の成長の度合いを確認することができます。**

活用術

66 法律文書の要約をして論点を教えてほしい

POINT

① 法律文書の要約を指示する。

② 論点の洗い出しを指示する。

③ 入社誓約書の内容を入力する。

USER

下記の<u>入社誓約書を要約し</u>①、<u>論点を教えて</u>②ほしい。

1. 就業規則及び諸規程を遵守します。

2. 勤務時間中、職務に専念します。

3. 業務命令に従います。

4. 転勤、配置転換、出向について、貴社の辞令に従います。

5. 貴社において知り得た機密情報を在職中・退職後を問わず第三者に漏えいしません。

6. 在職中、貴社の許可なく社外で競業関係となる可能性のある事業に従事しません。

7. 品位を保った行動をとり、貴社の信用を毀損しないように努めます。

8. 貴社に提出した履歴書や書類の記載、面接における受け答えは真実と相違ありません。

9. 暴力団等の反社会的勢力と過去一切関係をもっておらず、今後も関係しません。

10. 故意又は重大な過失によって貴社へ損害を与えた場合、賠償責任を負います。

GPT

要約：

誓約文書は、雇用契約における重要な条件として社員に課す規則および行動規範を記載しています。以下はその要約です。

1. 規則遵守：社員は就業規則と諸規程を守ることが求められます。
2. 勤務時間専念：勤務時間中は職務に専念し、業務に従事します。
3. 業務命令従属：社内の業務命令に従います。
4. 人事異動従属：転勤、配置転換、出向については会社の辞令に従います。
5. 機密情報保持：社員は会社で知り得た機密情報を第三者に漏洩しません。
6. 競業禁止：社外で競業関係となる可能性のある事業には、許可なく従事しないこと。
7. 品位の保持：社員は品位を保ち、会社の信用を毀損しないよう努力します。
8. 真実の提供：提出した履歴書や書類、面接時の受け答えは真実であること。
9. 反社会的勢力との無関係：社員は反社会的勢力との関係を持たず、今後も関係しないことを誓約します。
10. 損害賠償責任：故意または重大な過失によって会社に損害を与えた場合、賠償責任を負います。

論点：

この誓約文書は、雇用契約の条件を明確にし、社員が会社の規則や行動規範に従うことを確約するための重要なツールです。以下は論点の一部です。

1. 遵守と制裁：社員はこれらの規則を守らない場合、どのような制裁が課せられるのかが明確であるべきです。制裁措置は公平かつ合法である必要があります。
2. 機密情報と競業関係：機密情報の定義と競業関係に関する制約はどの程度厳格であるべきかが論点です。社員の権利と責務をどのように調整するかが問題です。
3. 真実性と誠実性：提出された情報や受け答えが真実であることを確保するために、どのような検証手段が取られるべきかが論点です。
4. 反社会的勢力との関係：社員の過去および今後の反社会的勢力との関係をどのように確認し、管理するかが論点です。
5. 賠償責任：賠償責任に関する条件や金額は公平であるべきであり、法的に有効である必要があります。

就 業規則など内定者に遵守してもらいたいルールをまとめた文書を入社誓約書といいます。法的効力はありませんが、正式な文書となるために表現がかたく、わかりにくいことも。また、文書を作成する側にとっても、難しいものです。そこで、**ChatGPTに文章の要約をしてもらい、論点を教えてもらいましょう。**読み手はどんなことが書いてあるのか、作り手は伝えるべきことの漏れがないか、確認できます。

活用術
67　法的文書のリスクを教えてほしい

P
POINT

① 自分の立場を明示する。

② 業務の内容や配属部署を明示する。

③ 文書の取り扱いリスクを聞く。

USER
私は入社1年目の会社員で、ウェブ広告の営業を担当しています。
①　　　　　　　　　　　　　　　　②
法的文書の取り扱いで注意すべきリスクを教えてほしい。
③

ChatGPT
1. **不十分な理解**：法的文書や契約書はしばしば法的専門用語や複雑な文言を含んでいます。不十分な理解や誤解が生じると、重要な条件や義務を見落とすことがあります。文書をよく読み、専門家に相談して、内容を正確に理解するように心がけましょう。

2. **不適切な修正や削除**：法的文書や契約書を修正する際には、慎重に行う必要があります。不適切な修正や削除を行うと、意図しない結果や法的な争いの原因になる可能性があります。修正や削除が必要な場合は、法務部門や上司に相談して指示を仰ぎましょう。

3. **期限や義務の見落とし**：契約書には重要な期限や義務が記載されていることがあります。これらの情報を見落とすと、契約違反や重要な締結条件の履行忘れにつながる可能性があります。

4. **法的要件の遵守**：法的文書や契約書は、特定の法的要件や規制に準拠している必要があります。例えば、個人情報保護法や競争法など、業種や地域によって異なる法律が存在します。適用される法的要件を理解し、法令遵守に努めましょう。

上記は一般的な注意点とリスクの一部です。具体的な契約書や業務内容に応じて、さらなるリスク要因が存在する可能性があります。会社の法務部門や上司と連携し、適切なガイドラインや手順を確立することが重要です。

✦✉ 回答を絞る ··············
ひとつめの出力で多くの項目が提示された場合は、特に重要なことを聞いて回答を絞ってみましょう。

USER
入社1年目の自分が特に注意すべきことと、やるべきことを知りたいです。

ChatGPT
法的文書や契約書の不十分な理解や誤解を避けるために、以下の点に特に注意し、今から行うべきことを知ることが重要です。

1. 文書を詳細に読む：法的文書や契約書を受け取ったら、十分な時間をかけて文書を詳細に読むことが重要です。文書の全体像を把握し、各条項や条件を注意深く確認しましょう。必要に応じて法的専門用語や文言の意味を調べることもおすすめです。
2. 専門家に相談する：自分が法的文書や契約書を完全に理解できない場合は、専門家に相談することが重要です。会社の法務部門や上司、または外部の法律アドバイザーに相談して、不明な点や疑問点を解決しましょう。専門家の助言を得ることで、不必要なリスクを回避できます。

これらの注意点に留意し、必要な場合には専門家の助言を求めることで、法的文書や契約書に関するリスクを最小限に抑えることができます。また、契約書の取り扱いに関する会社のポリシーやガイドラインを確認し、それに従うよう努めましょう。

業務で契約書などの**法的文書**を取り扱うこともあるでしょう。そうした業務の注意点などもChatGPTに聞くことができます。特に入社したてや、はじめて法的文書を取り扱う場合は、まずはChatGPTで確認をしてから上司や担当者に聞いてみるといった行動をとれば、確認すべき事項が明確化されやすくなるでしょう。

+α リスクを知って対策を

法的文書にはさまざまなリスクがあり、すべて確認することが難しい場合もあります。本来であれば、専門家にチェックしてもらいたいところですが、頻繁に契約書を交わす場合は、時間的にも金銭的にもそうはいきません。法的文書のリスクを知っておくためにChatGPTに聞いてみましょう。

法的文書のリスクをChatGPTに聞くと、「**不遵守リスク**」「**不明瞭な記述のリスク**」「**違法性リスク**」といったリスクを羅列し、その内容について簡単に説明してくれます。例えば不遵守リスクについては「法的文書の条件や義務に違反することによるリスク。不遵守が法的訴訟や制裁をもたらす可能性があります」と説明してくれます。

扱うものが法的な内容ゆえ、過信は禁物ですが、こうした概念があることを頭に入れておくだけでも気づきがあり、対策をとりやすくなるでしょう。具体的な法的文書の種類を指定して、リスクや注意点などを尋ねても良いです。

活用術
68 新たなビジネスのアイデアを 提案してほしい

P O I N T

① 新事業を計画していることを明示する。

② 新たなビジネスのアイデアの考案を 指示する。

③ キーワードを入力する。

USER
新事業を計画しています①。

新しいビジネスのアイデアを教えて②**ほしい。**

③ [キーワード : 「IT系」「食の安全」「アプリ」]

ChatGPT
1. 食材のトレーサビリティ : 生産者から流通業者まで、食材の供給チェーン全体を透明に トレーサビリティできる機能。消費者は購入した食材がどこで生産され、どのように運 ばれたかを追跡できます。
2. 食材の安全性情報 : 食材の生産地や品質に関する情報、食材の安全性に関するアラート やアドバイスを提供。例えば、食材に関連したリコール情報を提供し、消費者に警告を 送信します。
3. 食材の質の評価 : 消費者や専門家による評価やレビューを含む、食材の品質に関する情 報。消費者はアプリ内で食材について評価やコメントを共有できます。
4. 消費者教育 : 食の安全に関する情報やアドバイスを提供し、消費者の食材選択と取り扱 い方法に関する知識を向上させます。
5. 店舗との連携 : 食材を提供する店舗や飲食店とのパートナーシップを築き、食材の安全 性情報を共有。店舗はアプリを通じて自身の食材の安全性を訴求できます。

事業計画の詳細についてクローズアップして尋ねることで、より現実味のあるアイデアを提案してくれます。

USER
4番のアイデアについて、
内容を深掘りして。

ChatGPT

1. 食材の選び方ガイド：
   アプリ内にさまざまな食材の選び方ガイドを提供し、新鮮な食材を識別する方法や品質の特徴について説明します。

2. 食材の保存と調理方法：
   食材の保存方法や調理方法に関するアドバイスを提供します。例えば、野菜や肉の最適な保存温度や冷凍方法などを説明します。

3. 健康に関する情報：
   食材が健康にどのような影響を及ぼすかについての情報を提供し、栄養価や特定の食材の効能に関する情報を掲載します。

4. フードペアリング：
   食材同士の相性や料理とワインのペアリングに関する情報を提供します。これにより、ユーザーは美味しい食事を楽しむ方法を学びます。

5. 季節に応じた食材：
   季節ごとに最適な食材を示すカレンダーやレシピを提供し、地元の食材を活用した料理についてアイデアを提供します。

新 たなアイデアを「0→1（ゼロイチ）」で生み出すには、**さまざまなリサーチや知識のインプット**などが必要ですし、たとえ時間をかけてもひらめきが生まれないこともあるでしょう。そんなときはまずChatGPTにアイデアを聞いてみましょう。回答からヒントを得たり、または組み合わせたりして新しいアイデアを生み出すことができるかもしれません。「1→10」にするように、すでにあるアイデアを改良したほうが時間の短縮にもなるでしょう。

+α　気になるアイデアが出るまで再生成する

ChatGPTの良いところとして、ひとつのプロンプトに対して何度も**再生成**できることが挙げられます。プロンプト入力欄の右上にある「Regenerate」をクリックすると、再生成できます。

何度か生成してもアイデアがいまいちピンとこない場合は、プロンプトを微調整してから再生成し、新しいアイデアをもらいましょう。また、**気になるア**イデアがあれば、指定して深掘りしてもらうこともでき、これを繰り返すことでブラッシュアップできます。

新しいアイデアを生み出したいときにはChatGPTをブレスト相手だと思い、壁打ちをするようにやり取りを重ねてみましょう。より良いアイデアを生み出すテクニックです。

活用術 69

新ビジネス実現までの
事業計画を立ててほしい

P

POINT

[
① 新しく行うビジネスを明示する。

② 実現までの計画を立ててほしいと
　指示する。
]

USER

「食」に関する消費者教育のアプリを開発し、新規事業を始めたい。①　ローンチまでの現実的な事業計画を立てて②ほしい。

ChatGPT

1. アイデアの詳細な検討と調査
   - マーケットリサーチ：同様のアプリや競合製品の調査を行い、市場のニーズと機会を特定します。
   - ユーザーインタビュー：潜在的なユーザーグループと対話し、彼らの要望と期待を理解します。
   - ビジネスモデルの策定：収益モデル（例：広告、サブスクリプション、手数料）を策定します。
2. アプリの開発
   - アプリの設計と開発：開発者やデザイナーと協力してアプリを設計し、開発します。
   - データ提供源の確保：食品供給者との提携やデータ提供契約を締結し、情報を収集します。
3. パイロットプログラムの導入
   - 限られた地域または食品供給者に向けたパイロットプログラムを開始します。
   - フィードバックの収集：パイロットプログラムの参加者からのフィードバックを収集し、アプリを調整するための情報を得ます。

4. マーケット展開
  ・パイロットプログラムの成功が確認されたら、アプリを広く展開します。
  ・マーケティングと広告：ターゲット市場に対するマーケティングキャンペーンを立ち上げ、新規ユーザーを獲得します。
5. 食品業界との連携
  ・食品業界との協力を強化し、食材の情報共有と安全性向上に協力します。
6. サービスの改善と拡充
  ・ユーザーフィードバックに基づいてアプリを継続的に改善し、新機能を追加します。
  ・新たなパートナーシップの獲得：新しい食品供給者や小売業者との提携を模索し、サービスの範囲を拡充します。
7. 持続的なマーケティングと成長
  ・アプリの認知度を高め、成長を続けるためのマーケティング戦略を実施します。
8. 法的および規制の順守
  ・食品関連の法律や規制に従い、プライバシーとデータ保護に関する規制を順守します。
9. 収益性の向上
  ・収益性を向上させる方法を検討し、新たな収益モデルを導入する可能性を検討します。
10. 持続可能なビジネスの確立
  ・長期的な成功と成長のために、持続可能なビジネス戦略を確立します。

新規事業の立ち上げには、どのようなステップをどのくらいの期間で踏んでいくのか、具体的な**ロードマップとスケジュール**といった**事業計画**が必要です。とはいえ、ゼロから事業計画を作成するのには時間がかかるため、新規事業開始までの段取りをChatGPTに聞いてみましょう。またその際、**注意点やリスク**などについても追加プロンプトで聞いておくと、具体的な計画を立てる一助になります。

> 事業計画を立てる
> プロンプトのバリエーション例

 持続可能なビジネスを確立するための
アイデアや事例をいくつか教えて。

 協業できそうな業界や企業、団体などを
具体的に教えて。

+α 課題に目を向けて現実的な計画を

　新規事業の立ち上げには、優れたアイデアが不可欠であることはいうまでもありませんが、一方で資金集めやマーケティング戦略など現実的な課題も多いです。**アイデアを現実的な計画に落とし込むためには、そうした課題にも目を向けていく必要があります。**そこで、新規事業案の課題や対策もChatGPTに聞いてみましょう。

　新規事業の課題やそれに対する対策は、ローンチ前ゆえに難しく、あまり現実味のないものになってしまうこともあります。新規事業の概要をChatGPTに伝えたうえで、課題や対策を聞いてみると、思わぬことを発見できるかもしれません。

プラグイン「SEO CORE AI」を使ってSEO対策

「SEO CORE AI」とは？

インターネット時代となった現代において、企業のマーケティングや宣伝におけるSEO対策は重要なものとなりました。自社で運営または作成したWEB記事などをSEOの観点から点検する際、ChatGPTのプラグインを利用してみましょう。

プラグイン「SEO CORE AI」は、WEBページやキーワードに関するSEO分析を行ってくれるツールです。SEO分析をしたいページのURLとキーワードを指定するだけで、分析結果を出力してくれます。

サイトのレスポンス速度やページの読み込み（ロード）速度といったSEOパフォーマンスや、設定したキーワードが特定のページにいくつ含まれているのかなどがわかります。サイトやページのSEOの改善案も出力してくれ

る場合が多いですが、「ページの改善案を教えて」と指示すると、より詳細な改善案の例を挙げてくれます。

さらに、2つのサイトやページのURLを指すると、比較分析を行ってくれます。例えば「AページとBページを比較して、Bページの改善案を教えて」と指示すれば、2つのページを比較しつつ、改善案を出力してくれます。競合となる企業のサイトやWEB記事などとの差別化にも役立つでしょう。

また、「○○についてSEO分析をして」と指示してSEO分析をしてもらうこともできます。時間や地域などによって差はありますが、Google検索結果の上位サイトを表示してもらうことが可能です。

素早いSEO対策をしたいならぜひ使いたいプラグインです。

Chapter

5

トラブルに対応する
ための活用術

活用術
70 トラブル時に関係者へ連絡すべきことを教えてほしい

POINT

① トラブルの内容を明示する。

② 誰に連絡したいかを明示する。

③ 必要な要素を検討するよう指示する。

USER

納期が遅れている。①**顧客に納期が遅れていることを連絡したい**。②
その際に、**顧客へ連絡すべきことを教えて**ほしい。③

AI **ChatGPT**

顧客へ連絡する際には、以下の要点を伝えることが重要です：

1. 遅れている旨の認識と謝罪：まず、納期が遅れていることを認識し、顧客に対して謝罪の意を示しましょう。この段階で誠実さと責任感が相手に伝わることが重要です。

2. 遅れの原因の明確化と再発防止：納期遅延の原因を明確に説明しましょう。これにより、なぜ遅れが発生したのかを顧客が理解できるようになります。例えば、予期せぬ問題や供給不足、技術的な課題などの原因を説明しましょう。この際、再発防止策もあわせて説明できると良いです。

3. 新しい納期の提案：納期遅延の影響を最小限に抑えるために、新しい納期を提案しましょう。可能な限り具体的な日付や期間を示し、顧客が予定を調整できるようにしましょう。ただし、現実的な目標を設定し、再び納期を遅らせる可能性がないように注意しましょう。

で　きれば避けたいものですが、どんな仕事にも想定外の**トラブル**はつきもの。トラブルが発生したら速やかな対応が求められますが、予期せぬ事態に混乱してしまうかもしれま

せん。そんなときは、ChatGPTに聞いてみましょう。**重要なのは、トラブルの認識と謝罪、そして対応方法の伝達です。**まずは発生したトラブルを冷静に認識し、対応していきましょう。

USER
先方の担当がメールでの説明だけでは不十分だと怒っている。解決策を教えて。

◆☑ 相手の心証の変化を補足する ………

時間の推移とともに対応者の心証が変化した場合には、それらの情報もプロンプトに入れ、状況に照らした解決策をChatGPTに求めてみましょう。

ChatGPT
お客様がメールでの説明に不十分さを感じ、怒りを感じているとのこと、そのような状況では以下の手順を試してみることをおすすめします：

1. **直接対話を提案**：顧客がメールでは説明が不十分と感じている場合、電話やビデオ会議などのより直接的な話の手段を提案してみましょう。対面でのコミュニケーションは、感情や意図をより明確に伝えやすいです。

2. **謝罪と理解の表明**：顧客の怒りを理解し、謝罪の意を再度伝えましょう。納期の遅れによる不便やストレスを引き起こしたことについて、誠実さを持って謝罪することが重要です。

3. **納期遅延の詳細な説明**：顧客の不満を解消するために、納期遅延の詳細な説明を行いましょう。どのような問題が発生し、なぜ説明が不十分だったのかを明確に伝え、顧客が状況を理解することができるようにしましょう。

怒りを感じている顧客に対しては、冷静さと理解を持ちながら、問題解決に向けた積極的なアプローチを取ることが重要です。顧客との直接対話や適切な対策の提案を通じて、関係の修復と信頼の回復を図ってください。

Chapter

0
1
2
3
4
5
6

> ミスを連絡する
> プロンプトのバリエーション例

 商品の欠陥率が前月より増加しそうと聞きました。誰に連絡すべきか教えて。

 新規事業の計画が他社に漏洩したことがわかりました。どうしたら良いか教えて。

+α トラブルに対する心構えをしておく

　ビジネスで**トラブル**が発生した場合、**大切なのは迅速な情報共有です**。自分だけで問題を抱えていても解決しませんし、共有が遅れて対応が後手に回れば、事態はさらに悪化します。まずは上司やチームメンバーへの報告、場合によっては他部署への連絡を忘れずに行いましょう。こうしたトラブルはどれだけ注意深く行動していても誰でも起こしうるものです。トラブルが発生した場合は、焦りや動揺によって、最善の行動がとれない可能性も視野にいれて

おきましょう。そして、いつどこで誰がミスをしてもすぐに対応できるよう、あらかじめトラブル事例や対応策を把握したり、自社のトラブル対応マニュアルを読んだりと、トラブルの認識や対応策の共有が重要です。

　その際、ChatGPTに対応策を聞いてみるといった段取りが頭の片隅にでもあれば、ひとまずは落ち着いて行動できるかもしれません。冷静に行動ができるよう、心に留めておきましょう。

活用術

71

クレーム電話への
スクリプトを考えてほしい

POINT

① 何に対してのクレームかを明示する。

② スクリプトの作成を指示する。

③ スクリプトに入れたい要素を明示する。

USER

商品に対するクレーム電話がきたのですが、商品は不良品ではなく、お客様が「素材と大きさが思っていたものと違う」ということ①**でした。電話対応するためのスクリプトを作成してほしい**②**。その際、謝罪の意も込めて**③**。**

AI

ChatGPT

以下に、お客様からのクレームに対する対応の文章を提案いたします。

お客様、先ほどのお電話でのご指摘、心よりお詫び申し上げます。
商品の素材や大きさがご期待と異なるとのこと、誠に申し訳ございません。

お選びいただいた商品に対する期待や想像を裏切る結果となってしまい、
お客様の気持ちを考えると、心苦しいです。
当社としては、商品情報を正確に伝える努力をしておりますが、
今回のようなケースを完全に防ぐことは難しいと痛感しております。

お客様のご不便やご不満を少しでも軽減するため、
商品の交換や返品の手続きをスムーズに進めさせていただきます。
また、今後の商品説明の改善やサービス向上のための参考とさせていただきます。

お客様の大切なお時間を取らせてしまったこと、重ねてお詫び申し上げます。

今後とも、お客様の声を大切にし、より良いサービスを目指して参ります。

何卒、ご理解とご容赦のほど、よろしくお願い申し上げます。

この文章をベースに、具体的な状況やお客様の要望に応じてアレンジしてください。

ビジネスでは**クレームを受けることも往々**にしてあるでしょう。商品やサービスに不備があれば丁重に謝罪したうえで新しい商品と取り替えるなどの対応をすれば良いですが、**自社には非がないというケースもあります。**そうしたイレギュラーな内容のクレームへの返答は、ChatGPTに文章案を尋ねてみましょう。

とりわけ、**電話をしなければならない場面では、事前に下準備をしたほうが安心です。**相手は感情が高ぶっていることもあるでしょう。ChatGPTに聞いた対応策を台本のたたき台として用意しながら冷静に対応しましょう。

クレーム対応の
プロンプトのバリエーション例

> クレーム電話に対応する際の注意事項をリストアップしてほしい。

> 感情的になっている人を落ち着かせるための言葉がけの例を教えて。

> クレーム対応の電話でストレスを溜めないコツを教えて。

+α クレームに対する想定問答を用意しておく

顧客からの**クレーム**に対応するためには、**クレームの内容と問題点の明確化、ならびに相手が何を求めているかを正確に把握することが肝心です。**メールなどの書面であれば、周りの人に確認してもらいながら文章を作成できますが、今回のケースのように電話での対応となると、緊張もあいまってうまく話せないこともあるでしょう。

怒っている人を相手にするわけですから、ときには激しい言葉を浴びせられたり、厳しい質問や対応を求められたりすることもあるでしょう。そこで、相手から質問されそうなことについて、**想定問答**を用意しておくと良いです。

言及される可能性の高いクレームをいくつかピックアップし、それに対する回答のたたき台をChatGPTに考えてもらえば、対応がスムーズになるのではないでしょうか。

また、ChatGPTにクレーマー役のロールを与え、クレームや質問を投げかけてもらう**ロールプレイ**を行うのもひとつの手です。ChatGPTに役を与えると、口調なども真似て文章を生成します。状況を事細かに指定したうえでクレームを入れてもらえば、かなりリアルな想定ができるかもしれません。

活用術

72 はじめて行う作業の注意点を教えてほしい

POINT

① 自分の立場を明示する。

② 何を行うのか、仕事内容を明示する。

③ 注意点を聞く。

USER
私は会社員です。①
はじめて商品開発に携わるのですが、注意点を3つ教えて。②③

ChatGPT
商品開発に初めて携わる場合、以下の3つの注意点を考慮することが重要です。

1. マーケットリサーチと顧客理解：商品開発の最初のステップは、市場と顧客に関する徹底的なリサーチです。競合情報を収集し、ターゲット市場のニーズや嗜好を理解しましょう。顧客の声を聞き、彼らの要望を把握することが成功の基盤です。

2. プロトタイピングとフィードバックの繰り返し：製品の設計段階でプロトタイプを作成し、早い段階から実際の製品の形に近づけてテストしましょう。プロトタイプを顧客や同僚に提示し、フィードバックを収集して改良を行うことが効果的です。この反復プロセスは、製品の品質と市場適合性を向上させます。

3. プロジェクト管理のスキルを向上させる：製品開発プロジェクトを効果的に管理するために、プロジェクト管理のスキルを向上させることが不可欠です。タスクのスケジュール化、予算管理、リソースの配分、問題解決能力を強化し、プロジェクトを予定通りに進めるように心掛けましょう。

これらの注意点を意識することにより、初めての商品開発プロジェクトをスムーズに進められるでしょう。

✧ ✉ チーム体制を詳細に伝える ·············
担当するスタッフの体制を打ち込むなど、なるべく
詳細な情報を記載すると回答の精度が上がります。

USER
チームを組んで商品開発を行うことになりました。注意すべき点を教えて。

ChatGPT
開発チームでの注意点を以下に示します。

コミュニケーションを重視する：チームメンバー間の円滑なコミュニケーションは、開発プロセスの成功に不可欠です。アイデアや情報の共有、進捗の報告、意見交換などを積極的に行いましょう。定期的なミーティングやチーム内コミュニケーションツールの活用など、効果的なコミュニケーション手段を確立しましょう。

役割と責任の明確化：チーム内の各メンバーに対して明確な役割と責任を割り当てることが重要です。それぞれの専門知識やスキルを最大限に活かし、タスクの分担やプロジェクトの進行状況を管理しましょう。明確な役割分担によって、作業の重複や漏れを防ぎます。

これらの注意点を守ることで、開発チームはより効果的かつ効率的に仕事を進めることができます。また、協力や信頼関係の構築により、チームの結束力が高まり、成果を上げることができるでしょう。

Chapter
0
1
2
3
4
5
6

転 職や配置転換、新しいプロジェクトの立ち上げなど、日ごろ手慣れた業務とは異なる業務をするとなると、ミスが起きやすくなるものです。そんなとき、ChatGPTにはじめて行う作業の注意点を聞いてみましょう。

プロンプトに自分の職業や業務を入力し、注意点としてどんなことが想定されるかのか、指摘してもらいます。**あらかじめ注意点をチームで共有すること**で、人為的なミスを少しでも減らすことにつながるでしょう。

+α **解決策を相談しよう**

どんな人も**はじめて行う作業**であれば、最初は緊張します。何となくイメージはできていても、いざ取り組んでみると、「想像していたのと違う」といったことが起こり得ます。その場合は、解決策をChatGPTに相談してみましょう。

実際に聞いてみると、解決策として「リアリティ

チェック、問題の特定、プランの再評価、サポートを求める、柔軟性を持つ、経験を活かす、ポジティブなアプローチ」といったことを提案してくれます。文字として出力されると、解決策が具体的になるため、どの方向で解決すれば良いかがわかりやすくなるかもしれません。

活用術

73 作業マニュアルを作成してほしい

POINT

① 自分の立場を明示する。

② マニュアルの内容を明示する。

③ マニュアルの作成を指示する。

 USER
私は人事部で働いています。「人材採用」についてのマニュアルを作成してほしい。

 ChatGPT
以下に、人材採用マニュアルのより詳細な内容を提供します。

1. イントロダクション：
このセクションでは、人材採用マニュアルの目的、対象読者、および全体的な概要を説明します。

2. 目的と方針：
人材採用の目的と方針について説明し、企業の採用方針を明確化します。これには多様性と包括性の促進、採用プロセスの効率化、質の高い候補者の獲得などが含まれます。

3. 求人広告の作成と公開：
求人広告の作成に関する具体的なステップを提供し、効果的な求人広告を作成するためのヒントを提供します。また、求人広告をどのプラットフォームで公開するかについても説明します。

4. 候補者スクリーニング：
履歴書の審査、カバーレターの評価、スキルと経験のマッチングなど、候補者をスクリーニングするプロセスを詳細に説明します。

5. 面接プロセス：
   面接の種類（例：一次面接、二次面接）、質問の選定、面接官の指針など、面接プロセス
   について具体的なガイダンスを提供します。

6. 評価基準と選定：
   候補者を評価するための基準やスケールを設定し、選定のためのプロセスを説明します。
   スキル、社風との適合性、経験などの要因を考慮します。

7. 参考チェックと背景調査：
   候補者の選定後、参考チェックと背景調査のプロセスを詳細に説明し、信頼性を確保し
   ます。

8. 採用提案とオファーレターの作成：
   候補者に対する採用提案とオファーレターの作成手順を示し、報酬や契約条件を明確に
   伝えます。

9. 新入社員の受け入れとオリエンテーション：
   新入社員の受け入れプロセス、オリエンテーションプログラムのスケジュールと内容に
   ついて説明します。

10. フィードバックと改善：
    採用プロセスに関するフィードバックの収集と、採用の効果を評価するための方法につ
    いて説明します。

11. リソースと参考資料：
    人事担当者が必要とするリソース、テンプレート、法的規制、採用プラットフォームな
    どの情報源を提供します。

ビジネスにおいて業務が属人化することは避けたいもの。属人化を避ける主な手段として、マニュアルの作成が挙げられます。マニュアルに沿って作業をすれば、担当者が変わったとしても業務の引き継ぎがスムーズになり、遅延を避けることができます。しかし、自分の行う業務をゼロから言語化するのも大変なことです。そんなときにChatGPTにたたき台を作成してもらい、修正を加えていけば、スムーズにマニュアルを作成できるでしょう。

+α マニュアルを都度アップデートする

　作業マニュアルは、企業が業務を円滑に進めるために欠かせないものです。マニュアルがあることで業務の流れを社内で共有することができるため、属人化しがちな業務が標準化されます。

　ただし、業務マニュアルというものは、一度完成したら恒久的に使えるというものではありません。業務の内容も日々変わっていきますし、それにともなって具体的な作業内容も変化します。また、業務に使用するアプリやシステムなどのツールも日進月歩で進化していくでしょう。

　定期的にメンテナンスを行い、マニュアルのアップデートを図っていくことが必要です。

活用術

74 カスタマーサービスの課題を解決してほしい

POINT

① 自分の立場を明示する。
② 現状の課題を明示する。
③ 解決策の提案を指示する。

USER
私はカスタマーセンターで働いています。①
問い合わせが多く、対応が間に合いません。自社では顧客ニーズに応えたいため、問い合わせの窓口を減らしたくありません。②この課題を解決してほしい。③

ChatGPT
カスタマーセンターが多くの問い合わせに対応する課題は、多くの企業が直面する問題です。顧客ニーズに応えながら、対応が間に合うように改善するためのいくつかの方法をご紹介します。

1. チームの拡充：より多くのスタッフを採用して、問い合わせに対応できる人数を増やすことが考えられます。迅速な対応が可能になるため、顧客満足度が向上するでしょう。
2. ワークフローの改善：カスタマーセンター内のワークフローを見直し、効率化することで、スタッフがより効果的に問い合わせに対応できるようになります。優先順位のつけ方や問題のエスカレーション手順を検討するとよいでしょう。

これらの方法を組み合わせて、より効率的で顧客満足度の高いカスタマーサポート体制を構築することができるでしょう。

USER
リソースを増やすことはできません。
それを考慮した解決方法を教えて。

解決に向けて、「これだけは譲れない」、「これには対応できない」といった条件も加えて聞いてみましょう。より現実的な解決策を得やすくなります。

ChatGPT
理想的なスタッフ増員や対応時間の拡大が難しい状況であれば、ほかの方法を活用して効率的な解決策を見つけることが重要です。以下は、スタッフや対応時間を増やさずに課題を解決するためのアプローチです：

1. セグメンテーションと優先順位づけ：問い合わせの内容に応じて、緊急性や重要度にもとづいて優先順位をつけることで、対応にかかる時間を最適化できます。より重要な問い合わせにフォーカスし、重要度の低いものは後回しにすることで、リソースを効果的に活用できます。

2. 自己サポートの強化：FAQやオンラインヘルプデスク、チャットボットなどの自己サポートオプションを充実させることで、顧客が自ら問題を解決できるように促進します。これにより、重要な問い合わせに対するスタッフの負担を軽減できます。

消 費者の商品購入やサービス利用の前後において、それをサポートするためにカスタマーサービスを設定している企業も多いでしょう。しかし、対応までの長い待ち時間やコミュニケーション不足による不適切な対応など、多くの課題があります。また、丁寧な対応をするためには相手の求めていることを適切に把握し、確認するといった作業も必要です。その結果、対応時間が長くなり、さらなる待ち時間が発生してしまいます。

　そこで、ChatGPTに対応策を聞いてみましょう。「窓口は減らしたくない」といった希望条件もいれつつプロンプトを作成すれば、条件に沿った対応策を提案してくれます。

+α 原因と解決はセットで考える

　課題を見つけてそれを改善し、商品やサービスをより良い形で提供することで顧客満足度は向上します。言い換えれば、顧客満足度と業績の向上には、**課題の発見と解決は不可欠である**ということです。
　業務上の課題に取り組むには、解決策とともに原因も知っておくことが必要です。例えば、新しい担当者の場合業務マニュアルを読んでもらっても、正しいやり方しか書かれていなければミスをしてしまうかもしれません。それは、「ここでミスをしやすい」「過去にこれが問題となった」という認識がないからです。
　誰もがトラブルを起こさないようにする、または解決できるようにするためにも、課題に対する原因と解決策の両方を共有していきましょう。
　さらに追加でプロンプトに、「顧客対応をより効率化する方法を教えてほしい」「売上は上がっているのに利益が横ばいであることの改善策を教えて」などを入力してみましょう。さらに解決のヒントが示されるかもしれません。

活用術

75 オペレーションの改善点を教えてほしい

POINT

① 自分の立場を明示する。

② オペレーション改善案の考案を指示する。

③ 作業内容を入力する。

USER

営業部で働いています。① 以下の作業のオペレーションを効率化するための改善案を教えてほしい。②

③
・営業戦略の策定
・新規開拓
・商談

ChatGPT

営業部のオペレーションを効率化するための改善案を以下に示します。

1. 営業戦略の策定の効率化:
   ・データ分析:営業部はデータ駆動の戦略を採用し、過去の売上データ、市場トレンド、競合情報を分析します。データに基づく戦略を策定し、優先事項を特定します。
   ・CRMシステム:顧客関係管理（CRM）ソフトウェアを導入し、顧客情報やコミュニケーション履歴を一元管理します。これにより、営業戦略のパーソナライズやターゲット指向を向上させます。
2. 新規開拓の効率化:
   ・アウトリーチツール:リードジェネレーションツールやSNSプラットフォームを活用して、潜在的な顧客を特定し、効果的なアウトリーチを行います。自動化ツールを使用して、リードの追跡やフォローアップを効率化します。

- パートナーシップ戦略：類似業界の他社との提携や連携を検討し、新規顧客の獲得に協力します。共同マーケティングキャンペーンやクロスセリングの機会を追求します。
3. 商談の効率化：
- プレゼンテーションテンプレート：標準化されたプレゼンテーションテンプレートを作成し、カスタマイズが容易な形にします。これにより、商談の準備時間を短縮し、一貫性のあるメッセージ伝達が可能になります。
- オンライン会議ツール：オンライン商談やデモを実施するための効果的なツールを選定し、効率的なコミュニケーションを実現します。画面共有やチャット機能を活用し、リアルタイムで情報を共有します。

これらの改善策を採用することで、営業部は戦略策定、新規開拓、商談のプロセスを効率化し、収益の向上や新規ビジネスの獲得を促進できるでしょう。データと技術ツールを適切に活用することが成功の鍵となります。

業務目標が達成できない場合、業務のフローや役割分担といった**オペレーション**に問題があるかもしれません。現在のオペレーションに問題があるならば、改善点をChatGPTに尋ねてみましょう。

プロンプトで「**オペレーションを効率化する改善案を考案してほしい**」という指示と作業内容を指定すると、いくつかの改善案が出力されます。参考にしながらオペレーションの改善に生かしましょう。

> オペレーション改善の
> プロンプトのバリエーション例

> この業務フロー全体で見直せる箇所はありますか。

> データの取り扱いをもっと安全に行う方法はありますか。

> オンライン会議ツールのおすすめをそれぞれの特徴とともに教えて。

+α 業務フローの改善に活用する

オペレーションといっても、部署や職種、または**案件**によってさまざまな業務フローが存在します。作業内容を指定するだけでもいくつかの改善案を出してくれますが、詳細な情報をプロンプトに入力することでより精度の高い回答を得られます。

例えば、**ひとつの作業に対して現在の業務フロー**やどんなことに時間がかかっているのか、または非効率的だと感じているのかを明示しましょう。

さらに「**データ管理を楽にしたい**」「**業務に関わる人を少なく**」「**予算はいくら**」などと改善の条件を加えると、現実的な改善案をもらえる可能性が高くなります。

Slackと連携してコミュニケーションを円滑にする

チャットボットとして利用する

クリエイティブな作業はチームで動くこともあるでしょう。参加しているチームが多くなると、利用する連絡ツールも増え、管理が難しくなってしまうことがあるのではないでしょうか。そんなとき、ChatGPTとビジネス用のチャットツール「Slack」を連携して、コミュニケーションを円滑にしてみましょう。

Slack上の任意のチャンネルにChatGPTを入れることで、チャットボットとしての利用ができます。機能は基本的にChatGPTと同じで、質問に対する回答を得られます。文章を要約したり、翻訳したりとさまざまな使い方がありますが、何よりチャンネルに入っているメンバーは共通のチャットを閲覧できるため、共有の連絡をする手間が省けます。また、同じアプリ内で連絡しながら、わからないことはChatGPTに聞けるため、パソコン上でのウィンドウの移動なども減るでしょう。

連携方法は？

ChatGPTとSlackの連携方法は、2023年9月現在、SlackAPIを使ってChatGPTを連携する方法と、SlackのAPPディレクトリからアプリをインストールして連携する方法があります。前者はコードを扱うため、コードに慣れていない人にとっては少し複雑で難しいかもしれません。後者は、誰でも行えるので、以下に方法を簡単に説明します。

①Slackの「slack app directory」で「ChatGPT」を検索します。

②検索結果から追加したいアプリを選択します。ChatGPTとの連携アプリは複数あるため、好きなものを選びましょう。

③「Slackに追加」ボタンをクリックします。

④権限のリクエストページに切り替わったら「許可する」をクリックします。

⑤連携完了です。

ChatGPT公式アプリの利用はこれから

ChatGPTの公式連携アプリ「ChatGPT app for Slack」がありますが、こちらは2023年9月現在、利用申し込みの順番待ちリストに登録する必要があります。公式アプリを利用したい場合は、リストへの登録を済ませておきましょう。

Chapter
6

その他の意外な活用術

活用術
76 Excelで処理しやすいように
テキストデータを整理したい

POINT

① 表に整理してほしいと指示する。

② 整理するときの条件を指定する。

③ 表にしたいテキストデータを入力する。

USER

下記の生産割合のデータを表に整理^①してほしいです。

また、漢数字をアラビア数字に直^②してほしいです。

③ 全国いちご収穫量は十六万t、作付面積は四千九百ha、産出額は千八百億円。
都道府県別で栃木県を見たとき、栃木県は収穫量は二千t、作付面積は五百ha、
産出額は二百三十億円。

ChatGPT

以下が、提供されたデータを整理し、漢数字をアラビア数字に変換した表の形式です。

都道府県	収穫量(t)	作付面積(ha)	産出額(億円)
全国	160000	4900	1800
栃木県	2000	500	230

Next Step ≫ もっとよくする！

✦ ✉ テンプレート作成をお願いする ··········

ChatGPTを使って、Excel用の表の作成ができます。一度作成した表はテンプレート化しておけば、次回以降の表作成にかかる作業時間を短縮することができます。

USER
表のテンプレートを作成してほしい。
期間は2023年8月〜10月にして。

ChatGPT
以下にテンプレートを作成しました。
年度を2023年8月、9月、10月に設定し、空白のままにしていますので、該当するデータを追加できます。

年度	収穫量 (t)	作付面積 (ha)	産出額 (億円)
2023年8月			
2023年9月			
2023年10月			

このテンプレートを使って、2023年8月、9月、10月のデータを追加してください。
必要な情報が揃ったら、それぞれのセルに該当する数値を入力してください。

会議の内容や議事録をまとめる際、細かい数字やデータを表にしたい場合もあるでしょう。プロンプトに数字やデータを入力して表の作成を指示すると、簡単な表にまとめてくれます。

議事録などのテキストベースでは、数字が漢字で記されている場合もあるでしょうが、そうした変換も一括で行ってくれます。また、表の**テンプレート**も作成可能です。簡単に項目を入力して活用してみましょう。**出力された表はExcelやスプレッドシートなどにそのままコピー＆ペーストして使用できる体裁になっていて**便利です。

+α 追加項目を検討する

表を作りたいときは、表にしたい情報をまとめてプロンプトに入力しましょう。

さらに表の**テンプレート**を作っておくことで、業務の効率化が進むでしょう。表は一度作れば恒久的に使えるというものではありませんが、必要な項目が増えたら、その都度追加していけば良いでしょう。

表のフォーマットに必要な情報を追加したいときは、追加項目をプロンプトに入力すれば、新たにセルを作り、項目を追加することができます。例えば、

表に郵便番号を入力したいときは、「**都道府県の前にセルを作って、郵便番号を入れて**」と入力しましょう。郵便番号の検出は、入力した都道府県や住所から自動で割り出してくれます。

プロンプトの作成時には、**目的や出力形式などをあらかじめ明示しておくことが大切**です。ChatGPTでは、入力されたプロンプトにもとづいて自動的に表を生成しますので、入力するプロンプトの正確性が重要となります。

活用術

77 目的に合ったExcelの関数を教えてほしい

USER
在庫管理に使える Excelの関数を教えてほしい。
①　　　　　　　　②
使い方も一緒に教えて。
③

P
POINT
① 関数の用途を明示する。
② Excelの関数を教えてほしいと指示する。
③ 出力の体裁を指示する。

AI
ChatGPT

1. SUM（合計）
使い方：=SUM(A1:A10)
　　　　これは A1から A10までのセルの合計を計算します。

2. AVERAGE（平均）
使い方：=AVERAGE(A1:A10)
　　　　A1から A10までのセルの平均を計算します。

3. COUNTIF（条件付きカウント）
使い方：=COUNTIF(A1:A10,">10")
　　　　これは A1から A10までのセルの中で10より大きい値の数をカウントします。

4. VLOOKUP（垂直検索）
使い方：=VLOOKUP(B1, A1:C10, 3, FALSE)
　　　　B1の値を A1:A10で検索し、対応する C列の値を返します。

E xcelはデータの管理や計算ができる便利なツールです。その便利さのひとつには、関数を使って簡単に合計や平均などの数値を表せる点が挙げられるでしょう。しかし、関数にはさまざまな種類があるため、目的に合った関数を選択して使いこなすのは難しいです。そんなとき、業務に合う関数を ChatGPTに聞くと、使い方とともに教えてくれます。

活用術
78

Excelのユーザー定義関数を
作成してほしい

USER
<u>Excelで使えるユーザー定義関数の作成をしてほしい。</u>①
<u>色が変わっているセルを数える関数にして。</u>②

POINT

① ユーザー定義関数の作成を指示する。

② 関数の定義を指定する。

AI ChatGPT
以下はExcelで色が変わっているセルを数えるユーザー定義関数コードです：

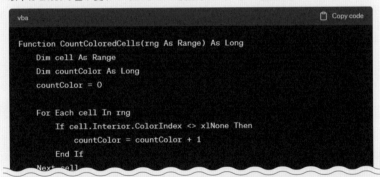

```vba
Function CountColoredCells(rng As Range) As Long
    Dim cell As Range
    Dim countColor As Long
    countColor = 0

    For Each cell In rng
        If cell.Interior.ColorIndex <> xlNone Then
            countColor = countColor + 1
        End If
    Next cell
```

　　E xcelでは内蔵されている関数以外に、自分で定義した関数を実装することができます。そのためのコードをChatGPTに書いてもらいましょう。ユーザー定義関数の作成指示と関数の定義を伝えると、コードが生成されます。実装の方法は、①Excel上で「Alt + F11」を同時に押す。②上部の「挿入」→「標準モジュール」を押す。③コードをペーストする。これでほかの関数と同じ手順で使えるようになります。

ユーザー定義関数作成の
プロンプトのバリエーション例

ユーザー定義関数の
実装方法を教えて。

100万円以上なら黒字、100万円未満なら
赤字と表示する関数を作って。

189

活用術
79 業界の専門用語の一覧を作ってほしい

POINT

① 出力の形式を指定する。

② 対象の業界を指定する。

③ 用語の一覧の作成を指示する。

USER
表形式で、① 製菓業界の② 用語の一覧を作成してほしい。③

AI　ChatGPT

用語	説明
パティシエ	製菓の専門家で、ケーキやペイストリーなどのデザートを制作する職人
ショコラティエ	チョコレート製品を制作する専門家
プラリネ	砂糖でキャラメル化させたナッツを細かく砕いたもので、チョコレート製品の中に使われることが多い
パティスリー	ケーキや焼き菓子などのスイーツを製造する店舗または部門
グラサージュ	ケーキやペイストリーに塗る、鏡のようにつやのあるガナッシュ
ガナッシュ	チョコレートとクリームを混ぜた滑らかなペーストで、トリュフやケーキの充填に使用される
マカロン	アーモンド粉と砂糖を主成分とした、軽やかな食感のフランスの焼き菓子
カカオマス	カカオ豆から抽出された、カカオバターとカカオ粉末の組み合わせ。チョコレートの原料
コンフィチュール	フルーツジャムまたはジェリー。ケーキやペイストリーのフィリングやトッピングとして使われる
フォンダン	中がとろっとしたチョコレートケーキで、表面が固くなっている

クーヴェルチュール	高品質なチョコレートで、パティシエやショコラティエが製菓に使用する
エクレア	長い形状をしたフランスの菓子で、クリームやチョコレートで満たされたシュー生地
フィリング	ケーキやペイストリーの中に詰めるクリーム、果物、チョコレートなどの具材

この一覧は、製菓業界に関連する一般的な用語のいくつかを示しています。

さ まざまな業界との取引を行う場合、多くの専門用語を把握しておかなければいけない場面も出てくるでしょう。その際、ChatGPTに専門用語の一覧表を作ってもらえば、情報整理や暗記に役立てられます。

ChatGPTには知りたい業界の専門用語を明記したうえで、**用語一覧表の作成を指示しましょう**。用語とその解説を含めた表を出力してくれます。業界の指定は、具体的であるほど用語をピックアップする精度が高くなります。また、箇条書きなど表以外の体裁でも出力可能です。

> 業界の用語一覧表作成の
> プロンプトのバリエーション例

> カタカナの用語の隣にもとの言語の表記も記載してほしい。

> 特に使い分けに注意しなければいけない用語はありますか。

+α 用語一覧を読み込ませる

ChatGPTに**用語**などのピックアップをお願いすれば、自分で調べるより各段に作業効率が上がりますが、比較的広く知れ渡っている一般的な単語が並んでしまうこともしばしばあります。単語のカテゴリや内容を細かく指示できれば良いですが、それでも出力がしっくりこないときもあるでしょう。そんなときは、自分で集めた単語に情報を付け加えてもらったり、情報整理を行ったりしてもらうほうが、結果的に精度が上がるかもしれません。

有料版ChatGPTの拡張機能のひとつである「Advanced Data Analysis」(P.21)を利用すると、ファイルをアップロードできるようになります。Excelやテキストファイルなどをアップロードして、自分で集めた専門用語の一覧を読み込ませてみましょう。専門用語に説明を加えたり、分類分けを行ったりしたい場合は、ファイルのアップロードとともにその旨をプロンプトで伝えると、その通りに出力してくれます。

プロンプトに入力できる文字数よりも、多くの情報を読み込ませることができるため、膨大な数があるならAdvanced Data Analysisを利用するのがおすすめです。

活用術

80 仕事に疲れたときに励ましてほしい

POINT

① 自分の立場を明示する。

② 励ましてほしいと伝える。

 USER

私はIT系の会社に勤めています。作業が多くて毎日残業が続いています。
元気が出るように、優しく励ましてほしい。

AI ChatGPT

もちろん、お力になりますよ！

まずは、お疲れ様と伝えたいです。IT系の会社での仕事は非常に忙しいですよね。毎日残業が続くのは大変なことだと思いますが、あなたの頑張りが会社にとって非常に重要であることも確か。
忙しい日々に立ち向かうあなたの姿勢は素晴らしいです。
自分のキャリアを築き、新しい技術や知識を学ぶチャンスがあることも考えると、この経験は将来に役立つものになるでしょう。
ただし、自己のケアも大切です。長時間の労働は体力と精神面に影響を及ぼすことがありますので、適切な休息と時間の使い方を心がけましょう。
また、上司や同僚とコミュニケーションを取り、仕事の負担を分担することも重要です。最後に、あなたは素晴らしい仕事をしています。困難な状況に立ち向かい、成果を出していることを忘れずに、自信を持って前進しましょう。
いつもお疲れ様です。引き続き頑張ってください。

USER
疲れを癒やす方法を教えてほしい。

ChatGPT
疲れを癒すためには、身体と心の両方をリラックスさせる方法が役に立ちます。

よい睡眠を確保する：十分な睡眠は最も効果的なリフレッシュ方法の1つです。毎晩7〜9時間の睡眠を確保し、規則的な睡眠スケジュールを維持しましょう。

ストレス管理：ストレスは疲労の主要な原因の1つです。瞑想、深呼吸、ヨガなどのリラクゼーションの方法をいくつか試してみて、ストレスを軽減しましょう。

これらの方法を組み合わせて、疲労を軽減し、元気を出しましょう。自分の身体と心を大切にし、バランスの取れた生活を送り、長期的なエネルギーと健康を維持する鍵です。

✦ ✉ さらに具体的な改善方法を聞く ‥‥‥‥‥

他人に話しづらい悩みもChatGPTを使って、気軽に相談できます。「具体的な改善方法を教えて」とプロンプトに入力すれば、より明確な回答を出力してくれます。

仕事のストレスなど、**気軽に誰かに話せない悩みを抱えてしまう場合もありますよ**ね。そんなときはChatGPTに愚痴を吐き出したり、癒やしのアイデアを聞いたりしてみましょう。具体的なリラックス方法を教えてくれたり、励ましの言葉をくれたりします。自分の職業や業務内容を伝えれば、それに沿ったアドバイスも望めます。また、話を聞いてほしい場合はChatGPTに人格を設定するのもおすすめです。例えば「あなたは、私の親友です。愚痴をひたすら受け止めてください」と設定すれば、悩みを受け止めつつ、肯定してくれるはずです。

+α　人を励ます言葉のヒントを聞く

他人への助言や説得は、相手の心情を考えながら行わなければならず、案外難しいものです。ChatGPTにアドバイスを聞けば、ヒントとなる言葉をくれる場合があります。

例えば、疲れた部下にどのように声をかければ良いかわからないときは、プロンプトに、「**疲れた部下にどのように声をかけたら良いか教えてほしい**」と入力した後、追加で「**具体的なセリフを教えて**」と入力すると、声かけのヒントになるかもしれません。

「私たちはチームで協力し合って目標に向かって進んでいるのだけど、君が元気でいることが大切だよ」「君の仕事ぶりは素晴らしいよ。でも、自分の健康も大切だから、無理せず休んでね」といった回答をしてくれます。

アドバイスの要求に対して、**主観を交えずに答えてくれるところが**ChatGPTのメリットです。自分の立場を明確に示すことで、さらに有効なアドバイスをもらえます。

活用術

リーダーとしてやるべきことは何かを教えてほしい

USER

<u>販売部門のチームリーダーです。</u>① メンバーのモチベーションを上げる方<u>法について、教えてほしい。</u>②

POINT

① 自分の立場を明示する。
② 問題点や課題解決の考案を指示する。

ChatGPT

1. 個別のニーズを理解：チームメンバーは異なる要望やニーズを持っています。まずは各メンバーの個別の目標やモチベーション要因を理解しましょう。これに基づいて個別のアプローチを選択します。
2. 目標設定と透明性：メンバーに明確な目標と期待を設定し、その達成に向けてサポートを提供します。透明性を保ち、業績評価基準を共有しましょう。
3. フィードバックと認識：メンバーの成功を認識し、賞賛とフィードバックを提供しましょう。建設的なフィードバックは成長を促進します。
4. チームビルディング：チームビルディング活動を通じて、チームの連帯感を高め、協力を奨励しましょう。ポジティブなチーム文化を育てることが重要です。
5. スキル向上とトレーニング：メンバーのスキル向上の機会を提供し、トレーニングプログラムを実施します。スキルの向上は自信とモチベーション向上につながります。

「リ」ーダーは孤独」ともいわれるように、リーダーは誰に相談できるわけでもなく、決断を委ねられることが多いのではないでしょうか。意思決定を行ううえで、迷いがあるときは、ChatGPTに尋ねてみましょう。

1人で意思決定を行おうとすると、偏った判断になってしまうことも。その点、ChatGPTはフラットな思考でアドバイスをくれるため、一度冷静になるためにも利用できます。

意思決定の
プロンプトのバリエーション例

 パートのシフトの量について判断基準を教えてほしい。

 リーダーとして相応しくない行動や要素を教えてほしい。

もっと
使いこなしたい人
のための

AI活用サービス
&
Chat GPTプラグイン
ガイド

AI活用サービスガイド

Service Guide

ChatGPT以外にも、便利なAI活用サービスはまだまだたくさんあります。ス
ライド作成や画像生成、スケジューリングなど、その機能はさまざまです。
ChatGPTと同じように、自然言語処理能力をもつチャットツールもあります。
ここでは、AI活用サービスに興味がある人のために、いくつかのサービスを
ピックアップし、その魅力を紹介していきます。

スライド資料

>> テキスト入力で、AIがスライド資料を自動生成

イルシル

[提供会社] ルビス

[URL] https://elucile.lubis.co.jp

// POINT //

☑ 資料作成が苦手でも簡単に資料を作
成できる。

☑ 文字だらけでわかりにくい資料に、図
を入れてわかりやすくしてくれる。

☑ 資料作成にかかる時間を短縮できる。

テキスト入力のみでスライドが作成できるAIツール
です。750種類以上の日本語に特化したテンプレー
トを選択し、そのほかの素材やパーツ機能で楽に
編集できます。入力したテキストから複数のキー
ワードを膨らませ、または長文を要約しながらスラ
イドを作成してくれます。文章を入力するだけなの
で作成時間は最大1/3に。デザインが苦手でも誰
でもわかりやすく資料作成が可能です。

予測分析

>> 根 拠 に も と づ い た 予 測 分 析 が 誰 で も で き る

Prediction One

[提供会社] Sony Network Communications Inc.
[URL] https://predictionone.sony.biz/

⫻ P O I N T ⫻

☑ 自社のさまざまなデータから予測分析
　ができる。

☑ 予測分析の結果だけでなく、根拠や
　理由についても知ることができる。

☑ 複数人で共有し合える。

ソニー社内のAI教育にも用いられるAI予測分析ツールです。プログラミングなどの知識がなくても簡単な操作だけで膨大なデータから予測分析を行えます。個人の肌感覚に頼りがちだったものを正確なデータや根拠にもとづいて分析し、その理由も一目でわかります。デスクトップ版やクラウド版の環境で利用可能で、複数人で共有できることから、分析の業務の属人化を解消できます。

メモ・要約

>> W E B 記 事 の 気 に な る と こ ろ に メ モ 書 き を 残 せ る

Glasp

[提供会社] Glasp Inc.
[URL] https://glasp.co

⫻ P O I N T ⫻

☑ 気になるWEBページにハイライトやメ
　モ書きを保存できる。

☑ YouTube動画の文字起こし、Kindle、
　PDFにもメモを残せる。

☑ ChatGPTを利用したYouTube動画の
　要約ができる。

chromeの拡張機能のひとつで、WEBページなどへのハイライトやメモを保存できるサービスです。さまざまな機能があり、YouTube動画の内容を文字起こししたものやKindle、PDFなどの気になる部分にメモを残したり、ユーザー同士で共有したりすることもできます。さらにメモを引用してX（Twltter）に投稿したり、プログニュースレターへ埋め込んだりすることも可能です。ChatGPTを使った動画のスピーディーな要約もできます。

SEO対策

>> 高精度ＳＥＯ対策が期待できる！

AI SEOディレクター by GMO

［提供会社］GMOソリューションパートナー
［　URL　］https://gmo-sol.jp/doc/a1/

∥ P O I N T ∥

☑ 優先度の高いSEO対策をリストアップしてくれる。

☑ SEOコンサルタントのノウハウを享受できる。

☑ 難しい専門用語は解説つきで教えてくれる。

AIによるSEO診断ツールです。SEO対策のキーワードとURLを入力すると上位ページとの差を分析し、検索エンジンにおいて上位表示に必要なSEO対策をリストアップしてくれます。SEO対策に必要なタスクは優先順位をつけて3つに絞ってくれるため、何から手をつければよいのかがすぐにわかります。SEOコンサルタントが蓄積してきたノウハウをベースにした予測分析機能をもとにしていることから、高精度のSEO対策が可能です。

スケジューリング

>> スケジューリングが自動で完了

Reclaim

［提供会社］Reclaim.ai
［　URL　］https://reclaim.ai

∥ P O I N T ∥

☑ 確保したい時間を設定して自動的にスケジューリングしてくれる。

☑ Googleカレンダーなどと連携していてわかりやすい。

☑ 習慣的な予定もスケジュール可能。

Googleカレンダーと連携すると、自動でタイムブロッキングを行ってくれるサービスです。例えば「執筆時間をいつまでに2時間」と登録すると、予定や移動時間、プライベートな時間を考慮しつつ、執筆作業の時間を2時間確保してくれます。タスクのほかにも習慣を登録することができ、頻度、時間、優先順位を設定するとジムでの運動時間や勉強時間などを確保してくれます。スケジュール管理に時間を取られたくない、苦手という人におすすめです。

>> L I N E で ChatGPT が 使 え る！

AIチャットくん

［提供会社］picon

［ URL ］https://picon-inc.com/ai-chat

// P O I N T //

☑ LINEでChatGPTが利用できる。

☑ LINEの友だち登録をすれば、ChatGPT
のアカウント登録はしなくてよい。

☑ 出力が早い。

LINEに友だち追加をするだけで、ChatGPTが使えるサービスです。ChatGPTを利用する際に必要なアカウント登録は必要なく、より気軽にチャットツールを利用できるようになります。ターボ版が実装されているため、ChatGPTの公式サイトや公式アプリよりもスピーディーに回答をもらえます。無料版ではチャットの回数に制限がありますが、月額980円の有料版では無制限で利用できるようになります。

>> 会 話 し な が ら イ ン タ ー ネ ッ ト 検 索 を し て く れ る

Perplexity AI

［提供会社］Perplexity AI

［ URL ］https://www.perplexity.ai

// P O I N T //

☑ インターネット上で検索しながら対話が
できる。

☑ 情報の信憑性をすぐに確認できる。

☑ 関連するプロンプトを選択できる。

チャットボットのように会話をしつつ、インターネット上の情報を検索してくれるチャット型検索エンジンです。プロンプトを入力すると、「情報源」のサイトと「答え」に加え、「関連している」プロンプトや疑問を提示してくれます。答えの信憑性を確かめながら、次の会話に発展させられる点が特徴です。また、アカウントは不要なので、登録せずに無料で基本的な操作が可能。そのため、誰でもすぐに利用できるのもメリットです。

>> 情報源となったサイトの閲覧も可能なチャット

Bing AIチャット

[提供会社] Microsoft

[　URL　] https://www.microsoft.com/ja-jp/bing?form=MA13FV

∥ P O I N T ∥

☑ 会話と同時に情報の精査が可能になる。

☑ ChatGPTでは有料版に搭載されている「GPT-4」が無料で使える。

☑ アカウント登録が不要。

対話型AIチャットボットのひとつです。GPT-4を搭載した機能を無料で利用でき、会話のスタイルを自由に選択できます。また、もともとは検索エンジンであることから、Bing検索によって最新情報を収集できる点も特徴。回答には情報源となったサイトのURLが一緒に出力され、情報の信憑性を確認することができます。アカウント登録が不要な点もメリットです。

チャット

>> Googleが開発した高精度なチャットボット

Bard

[提供会社] Google

[　URL　] https://bard.google.com

∥ P O I N T ∥

☑ Googleアカウントがあれば誰でも利用できる。

☑ Google検索が同時に使える。

☑ ほかのGoogleアプリとの連携が可能。

対話型AIチャットボットのひとつです。Googleが開発した「LaMDA」といわれる言語モデルをベースにつくられ、2023年9月現在は試験運用中として公開されています。Google検索の情報を学習しているとされ、常に新鮮で精度の高い情報を得られます。Googleアカウントがあれば、誰でもすぐに始められる点もメリット。質問に答えてくれるほか、キャッチコピーの考案や物語の創作なども行ってくれます。

チャット

>> 精度の高い日本語でカスタマーサポート業務を削減

PKSHA Chatbot

［提供会社］ PKSHA Communication

［ URL ］ https://aisaas.pkshatech.com/chatbot/

// POINT //

☑ 日本語の出力精度が高い。

☑ 数行のタグを埋め込んでサービスに応用できる。

☑ カスタマーサービスのサポートが受けられる。

対話型AIチャットボットのひとつです。ビッグデータを活用した辞書データが搭載されていることから、日本語精度が高いことが特徴のひとつ。たった数行のタグをWebサイトに埋め込むと、チャット型対話エンジンを導入できます。例えばFAQの作成・公開・分析・運用改善ができるようになり、さまざまな業種においてカスタマー業務のサポートが受けられます。

チャット

>> 誰でも簡単に自分で対話できるAIを作れる

miibo

［提供会社］ miibo

［ URL ］ https://miibo.jp

// POINT //

☑ 独自のQ&Aチャットボットを作成できる。

☑ AIで会話のシミュレーション（面接やインタビュー）を作成できる。

☑ 自分でAI VTuberを作成できる。

チャットボットのような会話ができる高性能なAIを、自分で簡単かつスピーディーに構築できるノーコードAIツールです。プログラミングは必要なく、公開されているAPIをアプリやWEBサービスに取り込むことで、インターネット環境があればどこでもチャットボットを利用することができます。また、他人とチャット画面を共有し、ブラウザ上での会話も可能です。

文章作成

>> 用途に応じて選べる生成ツールが100種類！

Catchy

[提供会社] デジタルレシピ

[　URL　] https://lp.ai-copywriter.jp

// P O I N T //

☑ ライティングのアシスタントをしてくれる。

☑ GPT-3が実装されている。

☑ ライティングにおけるブレストができる。

文章の作成をアシスタントしてくれる文章生成AIです。テキスト入力によってさまざまな原稿の作成やリライト、画像生成のプロンプトなどの文章を作成することができます。OpenAIのGPT-3が実装されており、100種類以上の生成ツールを利用して、イメージに近い文章を生成できるのです。例えば、キャッチコピーや記事、資料の作成から、悩み相談やLINEの返信にいたるまで、言葉や文章に関するアイデアなら何でも生成してくれます。

文章作成

>> 記事作成に特化した文章生成AI

ラクリン

[提供会社] makuri・アルル制作所・ジジックス

[　URL　] https://rakurin.net

// P O I N T //

☑ 記事に必要な要素を生成できる。

☑ 文章のリライトが可能。

☑ 無料でも利用可能。

記事作成に特化した文章生成AIです。タイトル、サブタイトル、リード文、見出し、本文、まとめ文などと、記事に必要な要素をそれぞれ提案してくれる機能を搭載しており、主にブログやインターネット記事の作成に使えます。またQ&A方式での文章作成やリライトも可能です。無料プランでは毎月2万トークンが付与され、約1記事の制作をすることができます。有料プランは月額4980円～2万9980円までのプランがあり、金額に応じて付与されるトークンが増えます。

>> SNSでバズるコピーを作ろう！

BuzzTai

[提供会社] BAZZTAI CO.

[URL] https://www.buzztai.com

// POINT //

☑ "バズる"キャッチコピーや文章を生成してくれる。

☑ SNSが不得意でも簡単にSNSマーケティングができる。

☑ 文章は好きなファイル形式でダウンロードできる。

文章生成AIのひとつです。主にSNSやインターネット記事などの文章を得意としており、その名の通り「バズりたい」ときやSNSマーケティングに有効なツールとなっています。そのほかにも広告文や企画書などの文章も作成してくれます。生成した文章などは、PDFやプレーンテキストなど好きなファイル形式でダウンロードすることが可能です。

>> プロのような商品写真を一瞬で作成

フォトグラファーAI

[提供会社] Fotographer AI

[URL] https://fotographer.ai/

// POINT //

☑ 簡単に、プロのような商品写真を作成できる。

☑ SNS等での商品バナーを高いクオリティで量産できる。

☑ 商品写真のコストを下げられる。

写真をアップロードするだけで、簡単にEC・マーケティングに使う商品写真が作れる画像生成AI。背景などのイメージをテキストで入力するだけで、プロのフォトグラファーが撮影したような写真を誰でも簡単に作れます。化粧品やアパレル製品、食品などさまざまなものを対象とした商品写真の制作が可能なので、ECサイトやコンテンツ制作のコスト削減にもつながるでしょう。

>> イメージ通りの商品写真を制作できる

Flair AI

[提供会社] Flair

[URL] https://flair.ai

// P O I N T //

☑ 簡単にプロのような商品画像を作成できる。

☑ 人物にアパレル製品を合成した着用画像も作れる。

☑ 照明やカメラの角度も調整もできる。

自分で用意した画像を、イメージするデザインに仕上げることができるサービスです。例えば、商品の切り抜き画像を読み込ませ、周りに配置する小物類、人物、イメージに近い画像を選択することで、商品の背景を自動生成してくれます。ECサイトに掲載する商品画像を制作する際にとても便利なサービスです。無料版では月100デザインまで、月額10ドルのプロフェッショナルバージョンは無制限でデザインが可能です。

>> 手軽にオンラインで動画編集ができる

invideo AI

[提供会社] InVideo

[URL] https://invideo.io/s/alamin

// P O I N T //

☑ オンラインで動画編集ができる。

☑ 5000以上のテンプレートから選択して簡単に編集できる。

☑ アイデアだけでAIが動画を生成。

テキストでイメージを指示すると、AIが動画を生成し、オンラインで動画編集ができるサービスです。5000を超える豊富なテンプレートのなかから好きなものを選択し、自由に編集することができるため、動画編集の初心者でもクオリティの高い動画を作ることができます。また、複数人でデータを共有しながらの編集も可能です。無料で利用できますが、有料プランでは編集できる動画の本数が増えるなど活用の幅が広がります。

>> 正 確 な 音 声 認 識 で 英 会 話 が 上 達 す る !

スピーク（Speak）

［提供会社］Speakeasy Labs, Inc
［　URL　］https://www.usespeak.com/jp

// P O I N T //

☑ 好きなタイミング・場所で英会話の練習ができる。

☑ 的確なフィードバックが受けられる。

☑ ネイティブスピーカーの発音が聞ける。

英会話のスピーキング練習ができるアプリです。最先端の音声認識とAIテクノロジーが用いられており、ネイティブスピーカーはもちろん、日本人が話す英語など膨大な音声データをAIが学習しています。そのため、音声の認識速度が0.1秒、正確性が95％と高度な音声認識が実現。この技術により、「発音コーチ機能」では、どのように発音したかを音素単位で分析し、より自然な発音に近づくための手助けをしてくれます。

>> 「 使 い た い A I 機 能 」 を 「 使 っ た 分 だ け 」 支 払 い

CalqWorks

［提供会社］Kanda Quantum
［　URL　］https://calqworks.studio.site/top

// P O I N T //

☑ セキュリティが担保された自社ChatGPTを簡単に利用できる。

☑ いろいろな機能のなかから選んだAIツールをチームやメンバーに展開できる。

☑ スライドやプログラムなどのアウトプットを行うことができる。

あらゆる機能が搭載されたビジネス用のAIツールです。リアルタイム議事録生成やメール生成、プレス記事作成など便利なAIツールが用意されており、「使いたい機能を使った分だけ」請求されるシステムになっています。セキュリティも担保されていることから、安心してビジネス利用できるでしょう。個人向けと法人向けのプランが用意されているため、営業形態に合わせて利用してみましょう。

ChatGPTプラグインガイド

Plugin Guide

ChatGPTがより一層便利になる拡張機能のプラグイン。本文でもいくつか紹介してきましたが、日々更新されており、その数はなんと900種類以上にも上ります（2023年9月現在）。「種類が多すぎて、どれを使えば良いのかわからない」という人のために、ここではビジネスパーソンにぴったりなプラグインをピックアップしました。有料版ChatGPTユーザーは、ぜひチェックしてみてください（プラグインの導入方法はP.26参照）。

プラグイン名	プラグインの機能
ABC Music Notation	ABC 記譜法で入力したものをWAV、MIDI、PostScript ファイルとして出力
AI Agents	ひとつの目標を設定するとそれに向けたタスクが自動で設定され、生産性が向上する
Argil AI	ChatGPT 内で画像を生成
Bardeen	X（旧 Twitter）のトレンドトピックを見つけてくれる
CapCut	動画の制作・編集を行う
ChatWithPDF	PDF 文書を分析して要約・質問ができる
Color Palette	イメージや用途をもとにそれに合わせたカラーパレットを作成してくれる
Copywriter	広告文の作成やWEBサイトの改善点の提案
Decision Journal	意思決定の記録や結果のレビュー
Diagrams:Show Me	特定の概念やプロセスをグラフや図で視覚化できる
Expedia	旅行プランやアクティビティ、フライトなど旅行に関する提案

HeyGen	テキストを入力するとアバターがしゃべる動画を生成
MixerBox ImageGen	テキストから画像を生成してくれる
NewsPilot	リアルタイムのニュース記事をさまざまな国や言語から取得
Now	最新のトレンドの把握に役立つ
Photorealistic	画像生成AI用のプロンプトの提案
PluginFinder	ChatGPTのプラグインのなかから自分のニーズに合ったものを探すことができる
Prompt Perfect	ChatGPTへの要求をより具体的な形に改善・再構成してくれる
sakenowa	日本酒に関するさまざまな情報を提供してくれる
SceneXplain	画像を読み込ませると、その特徴などについて言語化してくれる
SEO CORE AI	WEBページやキーワードに関するSEOとコンテンツの分析をしてくれる
Slide Maker	テンプレートを用いて、スライドを作成してくれる
Smart Slides	テキストからスライド資料を作成してくれる
Speak	翻訳やフレーズの説明をしてくれて言語学習に役立つ
Speechki	テキストを音声変換
Tabelog	提示した条件をもとにレストランの検索や予約を助けてくれる
There's An AI For It	最適なAIツールやサービスを紹介してくれる
VideoInsights.io	動画を分析し、内容を文章で説明してくれる
Visla	テキストから簡単に動画を制作
VoiceOver	テキストを音声変換
WebPilot	WEBサイトから最新情報を取得、WEBページの要約、指定したURL先の情報から質問に回答
Zapier	5000以上もの異なるWebアプリケーションを連携・自動化

ビジネスパーソンのための
ChatGPT 活用大全
毎日の仕事が一気に変わる!

STAFF

監修
國本知里

執筆・編集・DTP
株式会社ループスプロダクション
佐藤 修

編集協力
佐々木萌　太田沙紀　黒川悠輔
浮島さとし　岩佐陸生

ブックデザイン
新井大輔　八木麻祐子 (装幀新井)

イラスト
加納徳博

企画編集
高橋龍之助